교실영어 지도법

교실영어 지도법

김영철 지음

한국문화사

■ 이 책을 내면서

　이 책은 초등영어 교실 수업이 어떻게 진행되는지 보여주기 위해서 만들어졌습니다. 초등영어 수업은 40분 동안 교사와 학생들 간의 상호작용을 통하여 수업이 전개됩니다. 이 책은 초등학교 고학년들을 대상으로 영어 수업이 교재를 토대로 어떻게 전개되는지 상세하게 제시하였습니다.

　먼저 차시별로 교육과정에 따른 활동 중심 수업을 만들어 제시하였고, 40분 동안 교사가 어떻게 수업을 진행하고 어떠한 영어 표현들을 사용하는지 자세하게 제시하였습니다. 또한 초등학교 고학년 학생들의 특성을 고려하여 활동 중심 수업으로 수업을 전개하고, 의사소통 능력을 향상시키는 데에 더 많은 비중을 두었습니다. 따라서 이 책은 초등영어에 익숙하지 못한 독자들, 초등학교 교사, 교육대학교 학생들에게 도움이 될 것으로 여겨집니다.

　특히 이 책은 초등학교 고학년들이 영어에 흥미를 잃고, 중학교에 진학하면서 사교육에 몰입하는 것을 방지하기 위하여 수준별 활동을 구성하였습니다. 학생들의 흥미와 수준을 고려하여 수준별 활동들을 제시하였습니다. 이는 초등영어 교육과정에서도 권장하는 사항으로서 학생들에게 기본 활동을 토대로 학습 상황을 고려하여 보충 활동과 심화 활동을 할 수 있도록 하였습니다. 아울러 이 책에서는 차시별로 그림 장면을 제시해 독자들이 상상의 나래를 펴면서 대화를 연상하게 하였습니다.

　그리고 마지막으로 이 책의 가장 중요한 특징은 다양한 활동을 하면서 상황에 어울리는 다양한 표현을 익히도록 하였고, 활동들이 끝난 후에는 자기 평가와 학습자 간 상호 평가 등의 수행 평가를 통해 학생들 스스로 결과를 확인할 수 있게 하였습니다. 특히 'Go for It!'에서는 단원에서 배운 내용들을 통합적으로 평가하여 그 결과를 바탕으로 학생들이 자신의 수준에 맞는 수준별 활동들을 선택하도록 하였습니다.

지금까지의 특징을 잘 살펴서 초등영어 수업에 관심이 있는 독자들과 교사, 그리고 교육대학교 학생들에게 많은 도움이 되기를 기대해 봅니다.

2019년 1월
저자 씀

■ 차례

〉 Who's calling, Please? / 9

1차시 ………………………………………………………………… 11
2차시 ………………………………………………………………… 18
3차시 ………………………………………………………………… 25
4차시 ………………………………………………………………… 30
5차시 ………………………………………………………………… 35
6차시 ………………………………………………………………… 40

〉 What a surprise! / 45

1차시 ………………………………………………………………… 47
2차시 ………………………………………………………………… 54
3차시 ………………………………………………………………… 61
4차시 ………………………………………………………………… 66
5차시 ………………………………………………………………… 70
6차시 ………………………………………………………………… 74

〉 That's too bad / 79

1차시 ………………………………………………………………… 81
2차시 ………………………………………………………………… 88
3차시 ………………………………………………………………… 95
4차시 ………………………………………………………………… 100
5차시 ………………………………………………………………… 105
6차시 ………………………………………………………………… 109

Who's calling, Please?

📝 단원 설정의 취지

전화는 일상생활에서 중요한 의사소통 수단 중 하나이다. 이 단원에서는 전화 대화에 쓰이는 다양한 표현을 익혀 상황에 맞게 사용할 수 있도록 하였다.

📝 단원 목표

듣기	• 전화 대화에 쓰이는 다양한 표현을 듣고 이해할 수 있다.
말하기	• 전화 대화에 쓰이는 다양한 표현을 말할 수 있다.
읽기	• 이사 간 친구를 그리워하는 하나의 일기를 읽고 내용을 이해할 수 있다. • 영어의 발음, 강세, 리듬, 억양에 맞게 소리 내어 읽을 수 있다.
쓰기	• 낱말이나 어구를 넣어 문장을 완성할 수 있다. • 예시문을 참고하여 전화 대화에 쓰이는 다양한 표현을 쓸 수 있다.
의사소통 기능	• 전화하기 및 받기 Who's calling, please? 　　　　　　　　　　She's/He's not here. 　　　　　　　　　　Hold on (a minute), please.
어휘	hold, minute, nothing, yet, hard, line, suddenly, each

📝 단원 지도 계획

차시	쪽수	지도 범위	학습 활동
1	00~00	• Go! Go! • Look and Listen • Listen and Check • Listen and Speak • Play and Talk	• 그림을 이용한 간단한 흥미 유발 활동하기 • 애니메이션을 보며 상황 중심의 대화 듣기 • 단원의 주요 의사소통 기능에 대한 듣기 확인 활동하기 • 동영상을 보며 대화 듣고 따라 말하기 • '인물 추측하기 놀이'를 하며 의사소통 기능 연습하기

2	00~00	• Think and Talk • Say It Right • Let's Role-play	• 애니메이션을 보며 상황에 맞게 말하기 • 영어의 다양한 소리 익히기 • '소가 된 게으름뱅이' 역할놀이 하기
3	00~00	• Let's Read • Reading Activity	• 쉽고 간단한 글을 읽고 의미 이해하기 • 다양한 활동을 통해 배운 문장 읽기
4	00~00	• Writing Activity • Culture to Culture	• 다양한 활동을 통해 배운 낱말이나 문장 쓰기 • 모두가 행복해 지는 전화예절
5	00~00	• Go! Go! Sing • Work Together	• 신나게 노래 부르며 배운 내용 익히기 • '쪽지 놀이'를 하며 대화하기
6	00~00	• Go for It! • Catch Up! / Jump Up!	• 다양한 활동을 통해 단원의 학습 내용 정리하기 • 수준별(보충/심화) 활동하기

평가 도구

'인물 추측하기 놀이', '쪽지 놀이' 등 다양한 활동을 하면서 전화 대화에 쓰이는 여러 가지 표현을 익히도록 하고, 활동이 끝난 후 자기 평가와 학습자 간 상호 평가 등의 수행 평가를 통해 학생 스스로 결과를 확인할 수 있게 한다. 특히 'Go for It!'에서는 단원에서 배운 내용을 통합적으로 평가하여 그 결과를 바탕으로 학생들이 자신의 수준에 맞는 수준별 활동(Catch Up! / Jump Up!)을 선택하게 한다.

1차시

- **학습 목표**
  - 전화 대화에 쓰이는 다양한 표현을 듣고 이해할 수 있다.
  - 전화 대화에 쓰이는 다양한 표현을 말할 수 있다.
  - '인물 추측하기 놀이'를 하며 배운 표현을 자신 있게 말할 수 있다.

- **수업 준비물**
  - 컴퓨터, CD-ROM, 인물 카드

- **지도상의 유의점**
  - 전화로 대화할 때는 전화 예절을 지키도록 지도한다.
  - 'Listen and Speak'에서는 CD-ROM의 '주요 표현 연습' 버튼을 클릭하여 단원의 주요 의사소통 기능만 듣고 따라 말해 보게 할 수 있다.
  - 'Play and Talk'에서는 CD-ROM의 stick figure 애니메이션을 통해 활동 방법을 확인하고 예시 대화를 들을 수 있다.
  - 가정 학습 과제 안내 시 CD-ROM에 수록된 차시별 문제를 풀어 보도록 안내한다.

▶ 도입

1. 인사

T: Good morning, everyone. How are you doing?
S: I'm doing very well. Pretty good.
T: Can you ask me how I'm doing?
S: How are you doing, teacher?
T: I'm feeling good, too.
T: Look at the window. How's the weather today?
S: It's sunny.
T: Look at this calendar. What day is it today?
S: It's Wednesday.
T: What day was it yesterday?
S: It's Tuesday.
T: What day will be tomorrow?
S: It's Thursday.
T: Great. Who's absent today?
S: Jinsu is absent.
T: What's the matter with him?
S: He has a cold.
T: I'm sorry to hear that. I hope he'll get better soon.

2. 지난 단원 복습

T: Do you remember what you learned last time(or in the last class)? Before we start today's lesson, let's review first. (열쇠고리 그림 카드를 보여 주며) May I help you?

S: Yes, please. I'm looking for a key-ring.

T: How about this one?

S: I like it. How much is it?

T: It's three dollars.

S: OK. I'll take it. / It's too expensive.

T: (인형 그림 카드를 보여 주며) Now, let's change roles. You start the conversation.

S: May I help you?

T: Yes, please. I'm looking for a doll. How much is this doll?

S: It's ... dollars.

T: OK. I'll take it.

3. 단원 안내

T: Today, we're going to start a new lesson. In this lesson, we'll learn some useful expressions that we can use when we make and receive calls.

4. Go! Go! 활동하며 학습 동기 유발

T: Open your book to page 00. Look at the people in the picture. What are they doing?

S: They're talking on the phone.

T: Right. Can you guess what they're talking about?

S: (그림 속 사람들이 어떤 내용으로 전화 대화를 하는지 말해 본다.)

T: (화면 속 각 인물을 가리키며) OK. Let's talk about each situation looking at the picture. This boy is telling his grandmother that he won the piano contest. In this picture, it's raining, but this man doesn't have an umbrella. So he's asking his daughter to bring him an umbrella on the phone. A girl here is calling a boy to let him know that he left his book. Do you talk on the phone much?

S: Yes. / No.

T: What do you usually talk about on the phone?

S: (전화로 어떤 대화를 나누는지 말해 본다.)

T: Now, let's listen to the song and get ready to start today's lesson.

TIP CD-ROM의 각 인물을 클릭하면 전화 대화 내용을 들어 볼 수 있다.

- 할머니와 통화하는 아이
  Grandma, I won the piano contest.

- 책을 들고 있는 소녀
  You left your book here.

- 비 오는 날 전화하는 아빠
  Can you bring me an umbrella?

⇒ 전개

■ Look and Listen

남학생 제임스가 여동생 낸시와 비디오 게임을 하고 있고, 피아노 학원 여선생님이 제임스에게 전화하는 장면

1. 그림 보며 내용 추측

T: Let's start with 'Look and Listen.' Look at the picture on page 00. Who are they?
S: James, Nancy and a lady.
T: Right. Can you tell me about the picture?
S: (그림을 보고 내용을 추측하여 말한다.)

2. 애니메이션을 통해 대화 듣기

T: James forgot to go to the piano lesson while he was playing video games with his sister Nancy. Ms. Han, James's piano teacher calls him. Let's listen to the dialogue and find out what's happening.

(제임스가 낸시와 함께 집에서 비디오 게임을 하고 있다. 피아노 학원 선생님이 시간이 되어도 제임스가 오지 않자 제임스의 집으로 전화를 한다. 제임스는 게임에 열중하느라 전화벨이 울려도 한참 안 받다가 결국 귀찮아하면서 전화를 받는다.)

제임스: (귀찮아하는 표정으로) Hello?
선생님: Hello? May I speak to James?

(제임스는 선생님 목소리를 듣자 갑자기 학원 갈 시간이라는 것을 깨닫고 당황한다. 잠시 생각하다가 엄마 목소리를 흉내 낸다.)

제임스: (여자 목소리로 변조하여) Sorry. He's not here. Who's calling, please?
선생님: (이상하게 생각하며) This is Han Sujin, James's piano teacher.
제임스: (계속 변조한 목소리로) Hi, Ms. Han. This is James's mom.
선생님: Hi, Ms. Ford. Is something wrong with James?
제임스: (계속 변조한 목소리로) No, no. He's fine.

(이때 외출했던 엄마가 돌아오자 제임스와 낸시는 깜짝 놀란다.)

엄마: (들어오며) Hi, James. Hi, Nancy. I'm home.
제임스: (놀라 손으로 수화기를 감싸며 본래 자기 목소리로) Hold on a minute, please.

(재빨리 수화기를 뒤로 감춘다.)

엄마: (눈치를 채고) What is it?
제임스: (당황하여) Nothing.
엄마: Who's this? Give me the phone!
제임스: (건네주며) It's Ms. Han.
엄마: Hi. This is James's mom. I'm sorry, Ms. Han. James will be there in a minute.

(엄마의 말이 끝나기가 무섭게 제임스는 재빨리 가방을 들고 달려 나간다. 강아지가 놀라 뒤집어진다.)
(학원에 도착한 제임스. 뛰어오느라 땀을 흘리며 숨차한다. 제임스가 학원 문을 열자 문 앞에서 피아노 선생님이 팔짱을 끼고 기다리고 있다.)

선생님: (놀리며) Good afternoon, Ms. Ford.
제임스: (미안해하며) I'm sorry, Ms. Han.

3. 대화 내용에 관한 간단한 질문과 대답

T: Who calls James when he was playing video games?
S: Ms. Han does.
T: Who's Ms. Han?

S: She's James's piano teacher.
T: Why does she call him?
S: Because he's late for the piano lesson.
T: What does James do when he gets the phone?
S: He pretends to be his mom.
T: What happens next?
S: His mom comes back home and he gets caught.
T: Does he go to the piano lesson at last?
S: Yes, he does.

4. 내용을 생각하며 대화 다시 듣기

T: Have you ever been in the same situation? Let's listen to the dialogue again, thinking about the situation.

■ Listen and Check

① 남학생 마틴과 제임스가 통화하는 장면
② 제임스 엄마가 전화를 받는 장면 / 남학생 제임스와 여학생 케이티가 통화하는 장면

1. 활동 방법 안내

T: Let's move on to 'Listen and Check.' There are two telephone messages. Listen to the dialogues and choose the right information.
S: (전화 대화를 듣고 적절한 장면을 고른다.)

① (Telephone rings.)
마틴: Hello?
제임스: Hello? May I speak to Katie?
마틴: Sorry. She's not here. Who's calling, please?

제임스: This is James.
마틴: Hi, James. This is Katie's brother, Martin.
제임스: Hi, Martin. I'll call her tomorrow.
마틴: OK. Bye.

② (Telephone rings.)
제임스 엄마: Hello?
케이티: Hi, Ms. Ford. This is Katie. May I speak to James, please?
제임스 엄마: Hi, Katie. Hold on, please.
(잠시 후)
제임스: Hi, Katie.
케이티: Hi, James. Let's go to the movies this afternoon.
제임스: OK. How about meeting before the theater at **three o'clock**?
케이티: Sounds great! See you later.

■ Listen and Speak

여학생 린다와 지민이 통화하는 장면과 인라인스케이트장 그림

1. 그림 보며 내용 추측

T: Turn to page 00. Look at the picture. Who do you see?
S: Linda and Jimin.
T: What are they doing?
S: They're talking on the phone.
T: Right. Guess what they're talking about.
S: (그림을 보고 내용을 추측하여 말한다.)

2. 동영상을 통해 대화 듣기

T: Jimin and Eddie are supposed to go in-line skating together. Jimin is waiting for Eddie, but he doesn't show up yet. So she's calling Eddie. Let's listen to the dialogue and find out where Eddie is.

(지민이와 에디는 공원에서 인라인 스케이트를 함께 타기로 약속했다. 지민이가 한참을 기다려도 에디가 오지 않자 공중전화로 가서 에디의 집에 전화를 건다. 한편 에디의 집에서는 전화벨이 울리자 에디의 동생 린다가 전화를 받는다.)

린다: (수화기를 들고) Hello?
지민: Hello? May I speak to Eddie, please?
린다: OK. Hold on a minute, please.

(린다가 수화기를 들고 에디의 방으로 가 보니 에디가 없다.)

린다: Oh, sorry. He's not here. Who's calling, please?
지민: This is Jimin.
린다: (반가워하며) Hi, Jimin. This is Linda. How are you doing?
지민: Not so good.
린다: (놀라며) What's wrong?
지민: (망설이며) Umm... I'm waiting for Eddie in the park.
린다: Really?
지민: Yes. He isn't here yet. Where is he?
린다: I don't know. (생각하는 표정으로) Hmm...

(이때 화장실에서 에디가 나온다. 에디는 아무것도 모르는 표정이다.)

린다: (기막혀하며) Oh, Eddie!
에디: (아무것도 모르는 표정으로) What? I was in the bathroom.
린다: (수화기를 건네주며) Here. It's Jimin. She's waiting for you in the park.
에디: (드디어 약속이 생각나서) Oh, no!

3. 대화 내용에 관한 간단한 질문과 대답

T: Where is Jimin?
S: She's in the park.
T: Is Eddie in his room?
S: No, he isn't.
T: Where was he?
S: He was in the bathroom.
T: Why is he still at home?
S: Because he forgot to go in-line skating with Jimin.

4. 내용 생각하며 대화 다시 듣고 따라 말하기

T: We'll listen to the dialogue again. This time, listen and repeat what you hear.

■ Play and Talk

인물: 우진, 제임스, 유나, 케이티

☑ 놀이의 규칙을 잘 알고 실천했나요?
놀이에 필요한 영어 표현을 모두 말할 수 있나요?

활동 이름	Guessing Person Game (인물 추측하기 놀이)
준비물	Person Cards(Appendix) (인물 카드(부록))
활동 형태	Small Group Activity(모둠 활동)
사용 언어	· She's/He's not here. · Who's calling, please? · Hold on (a minute), please.

1. 활동 방법 안내

T: Now, it's time to have some fun. I'm going to tell you how to do this activity.

활동 방법

① T: Make groups of four. (4명이 한 모둠이 된다.)

② T: Gather all the picture cards, put them face down on the desk, and mix them well. Then each member chooses one card. (모둠별로 인물 그림 카드를 모두 모아 그림이 보이지 않도록 엎어 놓고 잘 섞은 후, 1장씩 골라 가진다.)

인물 카드: 우진, 제임스, 유나, 케이티

③ T: The first student picks one member and has a conversation with him/her using the person on the card. Don't let the other members see your card. (시작할 사람(S1)을 정하고, S1은 모둠의 학생 중 1명(S2)을 지목하여 자신의 카드에 있는 인물로 아래와 같이 전화 대화를 한다. 이때 서로 카드를 보여 주지 않도록 주의한다.)

- 두 사람이 같은 인물 카드를 가진 경우
S1: (S2를 지목하여) Hello? May I speak to Katie?
S2: Who's calling, please?
S1: (자신의 이름으로) This is Minsu.
S2: (자신의 카드를 보여 주며) Hold on (a minute), please.

- 두 사람이 다른 인물 카드를 가진 경우
S1: (S2를 지목하여) Hello? May I speak to Katie?
S2: (자신의 카드를 보여 주며) Sorry. She's/He's not here. Who's calling, please?
S1: (자신의 이름으로) This is Minsu.

④ T: The first student gets a point only when the member he/she picked has the same card as he/she. (S1은 S2가 자신과 같은 인물 카드를 가진 경우에만 점수를 얻는다.)

⑤ T: Mix the cards again. The next student picks another member and continues the activity in the same way. (한 번의 대화가 끝나면 그림 카드를 다시 섞고 S2가 다른 학생을 지목하며 같은 방법으로 활동을 계속한다.)

⑥ T: The student with the most points wins. (활동이 모두 끝난 후, 점수를 가장 많이 얻은 사람이 이긴다.)

2. 스스로 평가하기

T: Well done, everyone! Now, answer the questions in the book and check yourself how well you did.

▶ 정리

1. 배운 내용 정리

T: That's all for today. Let's review what we learned. (한 학생에게 전화를 거는 동작을 하며) Ring! Ring!
S1: (전화를 받는 동작을 하며) Hello?
T: Hello? May I speak to OO(반에 없는 학생 이름), please?
S1: Sorry, she's/he's not here.
T: OK. (다른 학생에게 전화를 거는 동작을 하며) Ring! Ring!
S2: (전화를 받는 동작을 하며) Hello?
T: Hello? This is .... May I speak to S3(짝의 이름) please?

S2: Sure. Hold on a minute, please.

2. 가정 학습 과제 안내

T: Here's your homework. Review what you learned with the CD-ROM. And practice talking over the phone with your partner, using the expressions you learned today.

3. 다음 시간 예고 및 수업 끝내기

T: You did a good job today. Next time, we're going to role-play and practice the expressions we learned today. See you next time.

수준별 활동 자료

수준	Beginners(보충)
활동 이름	Telephone Relay Game (이어서 전화하기 놀이)
준비물	Note, Pencil(쪽지, 연필)
활동 형태	Small Group Activity(모둠 활동)
사용 언어	· Hello? May I speak to ...? · She's/He's not here. · Hold on a minute, please.

활동 방법

① T: Make groups of six. Choose one member of your group and write his/her name on a piece of paper in groups. Don't let the other members see the name. (6명이 한 모둠이 되어, 각자 모둠 친구 1명의 이름을 쪽지에 쓴다. 이때 다른 학생들이 보지 못하도록 주의한다.)

② T: The first student guesses the name the member on his/her right wrote and asks "Hello? May I speak to ...?" (시작할 사람(S1)을 정하고, S1은 오른쪽에 있는 학생(S2)이 누구의 이름을 썼을지 추측하여 "Hello? May I speak to (추측한 이름)?"라고 묻는다.)

③ T: If the first student guesses right, the member on his/her right says "Hold on a minute, please." showing his/her paper. If not, he/she says "Sorry. She's/He's not here." showing his/her paper. (S2는 자신의 쪽지를 보여 주며 자신이 쓴 이름과 같으면 "Hold on a minute, please."라고 말하고, 그렇지 않으면 "Sorry. She's/He's not here."라고 말한다.)

④ T: If the first student guesses wrong, he/she gets a funny penalty the group decided in advance. (S1은 자신의 추측이 틀리면 모둠에서 정한 재미있는 벌칙을 받는다.)

⑤ T: The member on the right continues the activity in the same way. (오른쪽 학생이 "Hello? May I speak to ...?"라고 질문하며 활동을 계속한다.)

2차시

- **학습 목표**
  - 애니메이션을 보며 상황에 맞게 말하고 짝과 대화할 수 있다.
  - 영어의 강세와 억양에 맞게 낱말과 문장을 읽을 수 있다.
  - '소가 된 게으름뱅이' 역할놀이를 통해 배운 표현을 익힐 수 있다.

- **수업 준비물**
  - 컴퓨터, CD-ROM, 역할놀이 자료

- **지도상의 유의점**
  - 'Think and Talk'에서는 그림이 제한적일 경우, 애니메이션을 보며 대화 상황을 파악하여 무슨 말을 할지 생각해 보게 할 수 있다.
  - 'Let's Role-play'에서는 상상력과 창의력을 높이기 위해 학생들이 그림을 보며 자유롭게 역할놀이를 먼저 해 보게 한 다음, 마지막 정리 단계에서 애니메이션 감상을 할 수도 있다.

➡ 도입

1. 인사

T: Hi, everyone!
S: Hi, Mr./Ms. ….
T: It's cool today. Do you like fall?
S: Yes, I do.
T: Me, too. Mountains are beautiful in fall. How about going hiking this weekend?
S: Sounds great!

2. 복습

T: All right. Before we start today's lesson, let's review first. Do you remember the expressions we learned last time?
S: Yes.
T: Great! Why don't you have a telephone conversation with your partner to make plans for the weekend.
S1: Hello? May I speak to S2(짝 이름), please?
S2: Speaking. Who's calling, please?
S1: Hi, S2. This is S1. What are you doing this weekend?
S2: Nothing much.
S1: How about going hiking with my dad?
S2: Sounds great! I like going hiking.
T: Very good! Now, change roles.
S: (역할을 바꾸어 대화해 본다.)

3. 활동 안내

T: Today, we're going to watch some animations and have a conversation with our partners. Also, we're going to role-play scenes from '소가 된 게으름뱅이.' All right. Let's go!

➡ 전개

■ Think and Talk

상황 ❶

❶ 호랑이 선생님과 아기 토끼가 전화하는 장면
❷ 호랑이 선생님이 의심하는 표정으로 통화하는 장면
❸ 토끼가 당황하며 진땀 흘리는 장면

1. 그림 보며 호랑이 선생님이 무슨 말을 할지 생각해 보기

T: Let's start with 'Think and Talk.' Open your book to page 00. Look at the pictures of Situation 1. Can you guess what's happening?
S: (그림을 보며 상황을 추측하여 말한다.)
T: The rabbit doesn't want to go to school today. So it calls the tiger teacher and pretends to be its mom. But the teacher seems to already know that. Think about what the tiger would say in that situation.

2. 애니메이션을 보며 동물 캐릭터를 대신해 말해 보기

T: Let's watch the animation. Say the expression when the speech bubble appears on the screen.

[그림 장면 ❶]
(토끼가 학교에 가기 싫어 엄마인 척하면서 선생님에게 전화한다. 교무실의 전화벨이 울리자 호랑이 선생님이 전화를 받는다.)

호랑이 선생님: (수화기를 들고) Hello?
아기 토끼: (엄마 목소리로 변조하여) Hi. Bunny's very sick today. She can't go to school.

[그림 장면 ❷]
(선생님이 의심하는 표정으로 누구인지 묻는다.)

선생님: OK. Who's calling, please?
아기 토끼: This is my mom.

[그림 장면 ❸]
(실수한 것을 안 토끼는 손으로 자기 입을 막고 당황하여 진땀을 흘린다.)

3. 애니메이션을 다시 보며 자신이 말한 표현이 맞는지 확인하기

T: What did you say instead of the tiger? Let's watch the animation again and see if you're right.

4. 짝과 함께 대화해 보기

T: Did you say the right expression? Now, have a conversation with your partner.

상황 ❷

1. 그림 보며 멸치가 무슨 말을 할지 생각해 보기

❶ 멸치가 섬 위에서 쉬면서 상어에서 온 전화를 받는 장면
❷ 섬이 바닷물 위로 올라오자 섬이 고래였음을 확인하고 멸치가 깜짝 놀라는 장면

T: Look at the pictures of Situation 2. Can you guess what's happening?
S: (그림을 보며 상황을 추측하여 말한다.)
T: In the first picture, the anchovy takes a call from the shark that wants to talk with Dolphi. The anchovy can't find Dolphi. In the second picture, Dolphi surfaces. Think about what the anchovy would say in those situations.

2. 애니메이션을 보며 동물 캐릭터를 대신해 말해 보기

T: Let's watch the animation. When the speech bubbles come out, say the expressions instead of the anchovy. There will be two speech bubbles.

[그림 장면 ❶]
(멸치 한 마리가 바다 한가운데 떠 있는 섬 위에서 잠시 쉬고 있는데 전화벨이 울리자 아무 생각 없이 전화를 받는다.)

상어: Hello? May I speak to Dolphi?
멸치: Dolphi? (주위를 살펴봐도 아무도 없자) He's not here.

[그림 장면 ❷]
(이때 바닷속에 있던 고래가 수면 위로 완전히 올라온다. 몸이 위로 붕 뜨자 멸치가 깜짝 놀란다. 고래와 멸치의 눈이 서로 마주친다. 멸치가 쉬고 있던 섬은 고래의 등이었다.)

멸치: (다시 전화기에 대고) Hold on, please.
(전화기를 고래에게 건네준다.)

3. 애니메이션을 다시 보며 자신이 말한 표현이 맞는지 확인하기

T: What did you say instead of the anchovy? Let's watch the animation again and see if you're right.

4. 짝과 함께 대화해 보기

T: Have a conversation with your partner.

■ Say It Right

**아래 단어를 그림처럼 멋지게 표기하기

second
please
minute
nothing
suddenly

A. 강세

1. 발음 및 강세에 주의하여 낱말 듣기

T: It's time to focus on sounds. Let's watch the screen and see how those words are pronounced, paying attention to the accent of each word.

☐ 강세 지도
- 1음절 낱말의 강세
ex. **se**cond, **plea**se, **mi**nute, **no**thing, **sud**denly

2. 발음 및 강세에 주의하여 따라 말하기

T: Now, listen and repeat. Try to place the accent correctly.

B. 억양

1. 억양에 주의하여 문장 듣기

T: Let's listen to the sentences, paying special attention to the intonation of the sentences.

☐ 억양 지도
우리말에는 대화상에서 높낮이가 있지만 영어에는 강세가 있어서 대화상에서 이를 반영하여 표현하도록 연습시킨다.

☐ 전화상의 대화 억양
의문문에서는 문장의 끝을 올려 말한다. 한편, 의문사로 시작하는 의문문은 문장의 끝을 올렸다 내려 말한다. 가벼운 명령의 표현은 중간 톤의 억양을 유지하며 문장을 끝낸다.
ex. Hello? vs. Where are you from? vs. Open the door, please.

2. 억양에 주의하여 문장 따라 말하기

T: Now, listen and repeat. Try to say the sentences naturally.

> **유의점** 원어민의 입 모양에 가깝게 발음할 수 있도록 지도하고, 정확한 발음을 위해 충분히 연습시킨다.

■ Let's Role-play

게으름뱅이 봉남이와 소의탈을 쓴 후 소로 변한 봉남이의 모습

☑ 친구들과 사이좋게 협력해서 잘했나요?
   영어를 자신감 있게 말했나요?

1. 모둠별로 그림 보며 전체 이야기와 각 장면에 대해 추측하여 이야기 꾸미기

T: It's time for Role-play. Make groups of four. Look at the pictures. What story is it? Do you know about this story?
S: ('소가 된 게으름뱅이' 이야기에 대해 말한다.)
T: Look at each picture and talk about what's happening with your group members.

2. 애니메이션 감상

T: OK, let's watch the animation and compare it with your story.

〈소가 된 게으름뱅이〉

[그림 장면 ❶]
(일하기 싫어하는 게으름뱅이 봉남이에게 어느 날 아침 친구인 삼식이가 전화를 한다.)

게으름뱅이: (귀찮다는 표정으로) Hello?
친구: Hello? May I speak to Bongnam?
게으름뱅이: (잠시 뜸을 들이더니) Umm... Who's calling, please?

[그림 장면 ❷]
(친구는 이미 다른 사람들과 함께 밭에서 열심히 일하는 중이다.)

친구: This is his friend Samsik. We have a lot of work here. But he isn't here yet.
게으름뱅이: He's not here.
(재빨리 전화를 끊어 버린다.)

[그림 장면 ❸]
(이것을 본 아내가 게으름뱅이를 뻥 차 버린다.)

아내: (뻥 차며) Go to work!
게으름뱅이: (날아가며) No. I don't want to work.

[그림 장면 ❹]
(집에서 쫓겨난 게으름뱅이는 날이 어두워지자 산골의 어느 초가집으로 들어갔다. 주인이 맛있는 저녁을 대접해 준 후, 소의 탈을 보여 주며 써 보라고 한다.)

주인: (소의 탈을 주며) Would you like to put this on?
게으름뱅이: Sure. I'd love to.

[그림 장면 ❺]
(게으름뱅이가 탈을 쓰자 소로 변한다. 주인은 소가 된 게으름뱅이에게 밭을 갈도록 시킨다. 마침내 게으름뱅이는 눈물을 흘리며 뉘우친다.)

게으름뱅이: Now I get it. I'll work **hard** from now on.
주인: (웃으며) OK. You can go home now.

[그림 장면 ❻]
(다시 사람으로 변해 집으로 돌아온 게으름뱅이에게 친구가 다시 전화를 한다.)

친구: May I speak to Bongnam?
아내: Hold on a minute, please.
(아내가 게으름뱅이에게 전화를 바꿔 준다.)

친구: What are you doing? We have a lot of work here.

게으름뱅이: (웃으며) OK. I'll be there in a minute.

TIP 심화 수준의 학생들의 경우 애니메이션 감상을 하기 전에 먼저 그림을 보며 역할놀이를 창의적으로 구성하게 할 수도 있다.

3. 내용에 관한 간단한 질문과 대답

T: In the second scene, why does Bongnam say "He's not here."?
S: Because he doesn't want to go to work.
T: In the third scene, what does Bongnam's wife do?
S: She kicks him out of the house.
T: In the fourth scene, what does the man ask Bongnam to put on?
S: He asks Bongnam to put on an ox mask.
T: What happens to Bongnam?
S: He turns into an ox.
T: Does he regret that he was lazy?
S: Yes, he does.
T: Will Bongnam work hard from now on?
S: Yes, he will.

4. 애니메이션 다시 보며 따라 말하기

T: Let's watch the animation again. This time listen and repeat what you hear.

유의점 각 인물의 대사가 끝날 때마다 CD-ROM의 '일시 정지' 버튼을 눌러 따라 말하게 한다. 학생들이 자신 있게 말할 수 있도록 여러 번 들려준다.

5. 모둠별로 역할을 정하여 역할놀이 하기

T: Take a role and do the role-play with your group.

6. 반 전체에게 발표하기

T: You can present your role-play to the rest of the class. Which group wants to role-play, first?

TIP 가장 잘한 모둠을 투표로 선정하여 적절한 보상을 한다.

7. 스스로 평가하기

T: Well done, everyone! Now, answer the questions in the book and check yourself how well you did.

➡ 정리

1. 배운 내용 정리

T: Time's up. Before we finish, let's role-play together. I'll divide the class into four groups. Group A, take the role of Bongnam. Group B, take the role of Bongnam's wife. Group C, take the role of Samsik and Group D, take the roll of the man.

TIP CD-ROM의 '조용히' 기능을 이용하여 소리는 나지 않게 한 후, 화면만 보며 맡은 역할을 말해 본다.

2. 가정 학습 과제 안내

T: Here's your homework. Review what you learned with the CD-ROM.

3. 다음 시간 예고 및 수업 끝내기

T: You did a good job today. Next time, we're going to read Hana's Diary and do some interesting reading activities. See you next class.

수준별 활동 자료

수준	Advanced(심화)
활동 이름	Calling to Stars Game (스타와 통화하기 놀이)
준비물	Paper, Pencil(종이, 연필)
활동 형태	Individual/Whole Activity (개별/전체 활동)
사용 언어	· Who's calling, please? · She's/He's not here. · Hold on a minute, please.

활동 방법

① T: Choose five stars such as movie stars, pop singers or sports stars you want to call and write their names on a piece of paper. (각자 종이에 자신이 통화하고 싶은 유명 스타 5명의 이름을 쓴다.)

② T: When I say "Go!", move around the classroom with the paper and a pencil and have a conversation with a classmate. (교사가 시작 신호를 하면, 각자 종이와 연필을 가지고 교실을 돌아다니며 친구와 만나 아래와 같이 대화한다.)

S1: (통화하고 싶은 스타 1명을 골라) Hello? May I speak to Mr. Park Jiseong?
S2: Who's calling, please?
S1: (자신의 이름으로) This is ....

S2: ('박지성'을 좋아하면)
Hold on a minute, please.
('박지성'을 좋아하지 않으면)
Sorry. He's not here.

③ T: When you hear "Hold on a minute, please," mark O next to the star's name. (S1은 "Hold on a minute, please."라는 대답을 들으면 해당 스타의 이름 옆에 동그라미 표시를 한다.)

④ T: Take turns. Meet another classmate and continue the conversation about another star. (역할을 바꾸어 대화하고, 다른 친구를 만나 다음 스타에 대해 같은 방법으로 대화를 계속한다.)

3차시

- **학습 목표**
  - 이사 간 친구를 그리워하는 하나의 일기를 읽고 내용을 이해할 수 있다.
  - 다양한 활동을 하며 전화 대화에 쓰이는 다양한 표현을 읽을 수 있다.

- **수업 준비물**
  - 컴퓨터, CD-ROM, 문장 카드, 자석, 연필

- **지도상의 유의점**
  - 'Let's Read'에서는 하단의 Help에 제시된 우리말 설명을 참고하여 학생 스스로 글의 내용을 추측해 보게 한다.
  - 학생들이 활동을 하는 동안 교사는 교실을 돌아다니며 도와준다.

도입

1. 인사

T: Hi, everyone! How are you today?
S: I'm fine. How about you?
T: I'm fine, too. Today's Monday. Did you have a nice weekend?
S: Yes, I did.
T: Can you tell me what you did?
S1: I went fishing with my father.
S2: I played soccer with my friends.

2. 복습

T: All right. Before we start today's lesson, let's review first. (지난 시간에 배운 'Think and Talk' 애니메이션을 보여 주며) Let's watch the animations in 'Think and Talk.' Say the right expressions when the speech bubbles appear on the screen instead of the animal characters. Can you do that?
S: Sure.
T: All right. Let's start with Situation 1.
S: (애니메이션을 보며 동물 캐릭터를 대신해서 말해 본다.)
T: Very good! Now, have a conversation with your partner.
S: (짝과 함께 대화해 본다.)

3. 활동 안내

T: Today, we're going to read Hana's Diary and do some interesting reading activities. Are you ready? Here we go!

➡ 전개

■ Let's Read

①줄리가 이사가는 장면
②하나가 줄리에게 전화하는 장면
③줄리가 하나에게 전화하는 장면
④줄리와 하나가 서로에게 동시에 전화하는 장면

Help move 이사가다 call 전화하다
miss 보고 싶어 하다
The line is busy 통화 중이다

1. 그림 보며 내용 추측

T: Open your book to page 00. There's Hana's Diary. Look at the pictures and think what the diary is about.

2. 글의 내용 이해

T: Look at the picture and the text. Can you guess what the diary is about?
S: (그림을 보며 일기의 내용을 추측하여 말한다.)

□ 읽기 지도

<Hana's Diary>

Thrusday, October 26th, 2017, Sunny

I missed my friend Julie today.
She moved to Incheon last year.
So I called her. But the line was busy.
I called again. But the line was still busy.
Suddenly my phone was ringing.
It was Julie.
We missed each other at the same time.

TIP 글의 내용에 대해 생각할 때 하단의 Help에 제시된 낱말이나 어구의 우리말 설명을 참고하도록 한다.

3. 글 듣고 따라 읽기

T: Let's listen to the diary, thinking what it is about.
S: (일기의 내용에 대해 생각하며 듣는다.)
T: OK. Now, let's listen and repeat sentence by sentence, thinking what each sentence means.
S: (각 문장의 의미를 생각하며 한 문장씩 듣고 따라 읽는다.)

4. 다 함께 큰 소리로 글 전체 읽어 보기

T: Let's read the diary together.
S: (느낌을 살려 다 함께 큰 소리로 읽는다.)

TIP 모둠별, 성별 등 다양하게 역할을 나누어 읽어 보게 한다.

■ Reading Activity

활동 A

· I want to see Julie.
· Julie moved to Incheon.
· I called Julie.
· The line was not busy.

1. 글을 다시 읽고 각 문장이 글의 내용과 맞으면 T, 그렇지 않으면 F 쓰기

T: Turn to page 00. Let's do some interesting reading activities. Look at Activity A. Read the diary again on page 00. Mark T if the statement is true according to the text, and mark F if not.

유의점 어려워하는 학생들은 Let's Read의 글을 보면서 답을 찾아보게 한다.

2. 정답 확인

T: Let's look at the screen and check the answers together.

활동 B

- Hana missed Julie.
- Hana called Julie.
- Julie was busy.
- Julie called Hana.

1. 문장을 읽고 나머지와 성격이 다른 것에 ✔ 표 하기

T: Let's move on to Activity B. There are four sentences. Read the sentences and choose one which is not related to the others.

2. 정답 확인

T: Let's check the answers together.

활동 C activity

4명의 학생이 둥그렇게 앉아 있고, 그 안에 12장의 문장 카드가 있다.

준비물	Sentence Card, Magnet, Pencil (문장 카드(CD-ROM '자료실'), 자석, 연필)
활동 형태	Small Group/Whole Activity (모둠/전체 활동)

T: Now, let's do an interesting reading activity. We're going to be Hana and Julie and have a conversation. Let me show you how to do this activity.

활동 방법

① T: Make groups of four. I'll give each group out a set of sentence cards. (4명이 한 모둠이 되고, 교사는 모둠별로 'Let's Read'의 일기를 전화 대화로 각색한 문장 카드를 1세트씩 나누어 준다. 이때 빈 말풍선이 있는 카드도 함께 나누어 준다.)

② T: Put the sentences in order to make a complete dialogue and write the number in parentheses in groups. (모둠별로 의논하여 자연스러운 전화 대화가 되도록 문장 카드의 순서를 배열하고, 괄호 안에 번호를 써넣는다.)

③ T: After arranging the sentence cards, talk about how Hana and Julie would proceed with the dialogue and practice the dialogue. (문장 배열이 끝나면 빈 말풍선 안에 하나와 줄리라면 어떤 대화를 이어 나갈지 의논하여 연습해 본다.)

④ T: One group comes to the front and puts the sentence cards in order on the board. (문장 배열과 대화 연습이 끝난 모둠은 앞으로 나와 칠판에 문장 카드를 순서대로 붙인다.)

⑤ T: Two members make a pair. One member of the pair is Hana, and the other member is Julie. Each pair has a conversation the group completed by turns. (2명씩 짝을 지어 하나와 줄리가 되어 번갈아 가며 연습한 대화를 큰 소리로 말해 본다.)

⑥ T: The group that makes a natural dialogue first wins. (가장 먼저 자연스러운 대화를 이어 나간 모둠이 이긴다.)

유의점 하나와 줄리가 되어 대화할 때 문장의 수에는 제한을 두지 않고 자연스러운 대화를 이어 나갈 수 있도록 하는 데 중점을 둔다.

▶ 정리

1. 배운 내용 정리

T: That's all for today. Let's review what we learned. Do you remember what you read?
S: Yes.
T: OK. I'll ask you some questions about Hana's diary. What date was it?
S: It was October 26th, 2017.
T: What day was it?
S: It was Thursday.
T: How was the weather?
S: It was sunny.
T: Where did Julie move to?
S: She moved to Incheon.
T: When did she move to Incheon?
S: Last year.
T: Why couldn't Hana talk to Julie at first?
S: Because the line was busy.
T: Why was the line busy?
S: Because Julie was calling Hana, too.

2. 가정 학습 과제 안내

T: Here's your homework. Review what you learned with the CD-ROM.

3. 다음 시간 예고 및 수업 끝내기

T: You did a good job today. Next time, we're going to do some interesting writing activities. Have a good time! Good-bye, everyone!

수준별 활동 자료

수준	Beginners(보충)
활동 이름	Completing Sentences and Conversation (문장 완성하여 대화하기 놀이)
준비물	Word Card Material, Envelope (낱말 카드 자료(CD-ROM '자료실'), 봉투)
활동 형태	Whole Activity(전체 활동)
사용 언어	Reading Activity C.에서 배운 문장

활동 방법

① After cutting the sentence cards using 'Reading Activity C' into the word cards, teacher put a set of word cards into an envelop. (교사는 'Reading Activity C'에서 사용한 문장 카드를 낱말별로 구분해 놓은 자료를 출력하여 각 낱말을 자른 후, 한 문장씩 봉투에 넣는다.)

② T: I'll divide the class into five groups and give each group out an envelope with a set of word cards in it. (학급을 5모둠으로 나누고 모둠별로 낱말 카드가 든 봉투를 하나씩 나누어 준다.)

ex. Group A: Hello? / May / I / speak / to / Hana?
Group B: Speaking. / Who's / calling, / please?
Group C: Hi, / Hana. / This / is / Julie.
Group D: Julie! / I / called / you. / But /

　　　　　the / line / was / busy.
　　Group E: I / called / you. / But / your / line
　　　　　/ was / busy, / too.

③ T: When I say "Go!", take out the word cards from the envelope and arrange them in the right order to make a sentence in groups. (교사가 시작 신호를 하면 모둠별로 봉투에서 낱말 카드를 꺼내 바르게 배열하여 문장을 완성한다.)

④ T: When you finish making a sentence, read the dialogue starting from the group with the first sentence by turns. (문장을 모두 완성하면 첫 번째 문장을 가진 모둠부터 자연스러운 대화가 되도록 순서대로 문장을 읽는다.)

TIP 모둠별로 대화 전체에 해당하는 낱말 카드를 모두 주고 대화를 완성하게 하면 심화 수준의 활동으로 활용할 수도 있다.

• Reading Activity C. 문장 카드 내용
하나: Hello? (　　)
줄리: Hello? May I speak to Hana? (　　)
하나: Speaking. Who's calling, please? (　　)
줄리: Hi, Hana. This is Julie. (　　)
하나: Julie! I called you. But the line was busy. (　　)
줄리: I called you. But **your** line was busy, too. (　　)
하나: _____
줄리: _____

• Reading Activity C. 예시 대화
하나: Hello?
줄리: Hello? May I speak to Hana?
하나: Speaking. Who's calling, please?
줄리: Hi, Hana. This is Julie.
하나: Julie! I called you. But the line was busy.
줄리: I called you. But **your** line was busy, too.
하나: How are you?
줄리: I'm great. How about you?
하나: Fine. I miss you so much.
줄리: Me, too. I'm going to Seoul tomorrow with my dad. Let's meet tomorrow.
하나: That's great! Call me tomorrow.

4차시

- **학습 목표**
  - 다양한 활동을 하며 배운 낱말이나 문장을 쓸 수 있다.
  - 다른 나라의 문화에 대해 알아보고 우리 문화와의 차이를 이해할 수 있다.

- **수업 준비물**
  - 컴퓨터, CD-ROM, 일기 활동지, 낱말 카드, 연필

- **지도상의 유의점**
  - 문화 지도는 학생들이 문화의 차이에 대해 인식하는 것에 초점을 맞추되, 어느 문화가 더 낫거나 못하다는 인식을 가지지 않도록 주의하여 지도한다.

➡ 도입

1. 인사

T: Good afternoon, Class!
S: Good afternoon, Ms./Mr. ….
T: How's it going?
S: Not too bad. How about you?
T: Fine, thanks. Is everyone here?
S: Yes.

2. 복습

T: All right. Before we start today's lesson, let's go back to page 00 and read the diary aloud thinking about what each sentence means.
S: (내용을 생각하며 00쪽의 일기를 큰 소리로 읽는다.)
T: Well done! Now, I'll say some words. Find the words in the sentences and circle them repeating the words.
S: (교사가 말하는 낱말을 따라 말하며 글 속에서 찾아 동그라미 한다.)
T: Do you have any friend who moved far away? Can you tell us about him/her?
S: (멀리 이사 간 친구에 대해 말해 본다.)

3. 활동 안내

T: Today, we're going to do some interesting writing activities. We'll write some words and short sentences. Are you ready to start? OK. Let's get started!

▶ 전개

■ Writing Activity

활동 A

- May I speak to Hana?
- Who's calling, please?
- The line was busy.
- This is Julie.

1. 그림 보며 문장의 의미 추측

T: Open your book to page 00. Let's start 'Writing Activity.' Look at Activity A. Look at the pictures and think about what each sentence is about.

2. 문장 따라 쓰기

T: Do you know what each sentence means? Now, copy the sentences in the blanks. Be careful about capitalization and punctuation.

3. 문장 듣고 따라 읽기

T: Let's listen to the sentences and repeat them.

활동 B

- May I (   ) to Hana?
- Who's (   ), please?
- The line was (   ).

1. 퍼즐에서 알맞은 낱말 찾아 문장 완성하기

T: Let's move on to Activity B. There is a word puzzle and three sentences. Find the right words in the puzzle and fill in the blanks.

2. 정답 확인

T: It's not that difficult, is it?
S: No, it's not.
T: OK. Let's look at the screen and check the answers together.

활동 C `activity`

	제임스와 제임스의 일기책 장면
준비물	Diary Sheet, Word Card, Pencil(일기 활동지(CD-ROM '자료실'), 낱말 카드 (CD-ROM '자료실'), 연필)
활동 형태	Pair-works/Whole Activity (짝/전체 활동)

1. 'Look and Listen' 애니메이션 다시 보기

T: Turn to page 00. Let's do an interesting writing activity. But before we start, we should watch the animation of 'Look and Listen.'
S: (내용을 생각하며 애니메이션을 다시 본다.)

2. 활동 방법 안내

T: You're going to complete a diary which James wrote about what happened to him today. I'm going to tell you how to do this activity.

....
활동 방법
....

① T: I'll put some word cards on the board.
(교사는 학생들이 참고할 수 있도록 낱말 카드를

칠판 여기저기에 붙인다.)

② T: Work in pairs. I'll give each pair out a James's diary which has some blanks. ('Look and Listen'에서 제임스가 오늘 겪었던 일을 일기로 쓴, 문장의 일부가 빈칸인 활동지를 짝별로 1장씩 나누어 준다.)

③ T: Complete the diary using the words on the board. (짝끼리 의논하여 칠판의 표현을 참고해 일기를 완성한다.)

④ T: Show me the diary you completed. If there are not any errors, read the diary out loud. (완성한 팀은 앞으로 나와 교사에게 일기를 보여 주고 확인받은 후, 오류 없이 제대로 완성했으면 큰 소리로 읽는다.)

⑤ T: The pair to complete the diary fastest wins. (가장 빨리 오류 없이 완성한 팀이 이긴다.)

유의점 1 날짜와 날씨는 실제 활동을 하는 날의 날짜와 날씨로 쓰도록 하고, 어려워하는 경우 'Let's Read'의 글을 보면서 참고하여 쓰게 한다.

유의점 2 학급의 수준이 높은 경우 표현 카드나 활동지 없이 일기를 써 보게 할 수도 있다.

■ **Culture to Culture**

우리나라에서 전화하는 장면과 외국에서 전화하는 장면

T: Let's move on to 'Culture to Culture.' We'll learn about proper telephone etiquette.

❏ Culture Teaching(문화 지도)
• Telephone Etiquette(전화 예절)

① T: What is telephone etiquette? Do we have telephone etiquette? Can you tell me what it is? (우리 문화의 전화 예절에 대해 말해 본다.)

② T: Do you know about telephone etiquette in other cultures? (다른 문화의 전화 예절에 대해 아는 것을 말해 본다.)

③ T: Let's read the text on page 00. (교재의 글을 읽어 본다.)

④ T: Have a phone conversation with your partner. You should keep the telephone etiquette. (전화 예절에 주의하여 짝과 함께 전화 대화를 해 본다.)

⑤ T: Let's go to the website for more information about telephone etiquette. (아래 사이트에 접속하여 전화 예절에 대해 더 알아본다.)

• 참고 사이트
http://www.edunet.net/nedu/contsvc/subjectView.do?menu_id
☞ 전화로 예절 바르게 대화하면서 중요한 내용 정리하는 방법을 제시하고 있음

▶ **정리**

1. 배운 내용 정리

T: Time's up. Before we finish, let's review. Take out the diary you and your partner completed together and read it aloud.

S: ('Writing Activity C'에서 완성한 제임스의 일기를 다 함께 큰 소리로 읽는다.)

T: Well done! Now, I'll say some sentences.

Listen and write the sentences in your notebook. (일기 중 몇몇 문장을 말한다.)

S: (교사가 말하는 문장을 공책에 쓴다.)

T: Let's check the answers together. I'll write the answers on the board.

S: (교사가 칠판에 쓴 문장을 보고 정답을 확인한다.)

2. 가정 학습 과제 안내

T: Here's your homework. Review what you learned with the CD-ROM. And write your own diary about what you learned from today's lesson.

3. 다음 시간 예고 및 수업 끝내기

T: You did a good job today. Next time, we're going to learn a new song and do an interesting activity.

수준별 활동 자료

수준	Advanced(심화)
활동 이름	Telephone Memo Game (전화 메모하기 놀이)
준비물	Paper, Pencil(종이, 연필)
활동 형태	Individual/Whole Activity (개별/전체 활동)
사용 언어	Word and Sentences students have learned(지금까지 배운 낱말과 문장)

활동 방법

① T: Make groups of six. Each member chooses a classmate of the other groups and writes a memo about what he/she wants to do with the classmate this weekend. (6명이 한 모둠이 되어 각자 다른 모둠의 친구 1명을 정해 이번 주말에 함께하자고 제안할 내용과 자신이 메모할 부분을 아래와 같이 쓴다.)

• 제안할 내용
Classmate: Minsu
What: going in-line skating
When: this Saturday
Where & What time: in the park at three

• 메모할 내용
Classmate: _____
What: _____
When: _____
Where & What time: _____

② T: The members of the first group go to the classmate and have a phone conversation, and the classmate takes notes. (첫 번째 모둠(S1)부터 자신이 정한 친구(S2)에게 가서 아래와 같이 메모한 내용으로 전화 대화를 하고, S2는 대화 내용을 메모한다.)

S1: Hello? May I speak to Minsu, please?
S2: Speaking. Who's calling, please?
S1: Hi, Minsu. This is Sora. How about going in-line skating this Saturday?
S2: Sounds great!
S1: Let's meet in the park at three.
S2: OK.

③ T: After the conversation, two students compare each other's memos and check if they have the same contents. If there are any different parts, they correct them. (대화가 끝나면 서로의 메모를 비교하여 내용이 같은지 확인한다. 내용이 다른 경우에는 다른 부분을 서로 고쳐 주도록 한다.)

④ T: When all the members of the first group return to their seats, the next group continues the activity in the same way. (한 모둠이 대화를 마치면 다음 모둠이 일어나 같은 방법으로 활동을 계속한다.)

⑤ T: Tell the class what you're going to do this weekend with a classmate. (전체 모둠의 활동이 끝나면 대화를 나눈 2명씩 이번 주말에 하기로 한 일을 발표한다.)

• Writing Activity C. 표현 카드 내용
played / video game / exciting / forgot / piano lesson / run fast / waiting for / sorry

• Writing Activity C. 활동지: 일부가 빈칸인 일기
_____, _____ _____, 2017 _____

I _____ a _____ _____ with Nancy today.
It was very _____.
So I _____ the _____ _____.
Ms. Han called.
I said, "This is James's Mom."
Oh! Mom came home.
I had to _____ _____ for the __ _____.
Ms. Han was _____ _____ me.
I was very _____.

• Writing Activity C. 활동지 예시 답안
<u>Friday,</u> October <u>27</u>(th), 2017 Sunny

I <u>played</u> a <u>video</u> <u>game</u> with Nancy today.
It was very <u>exciting</u>.
So I <u>forgot</u> the <u>piano</u> <u>lesson</u>.
Ms. Han called.
I said, "This is James's Mom."
Oh! Mom came home.
I had to <u>run</u> <u>fast</u> for the <u>piano</u> <u>lesson</u>.
Ms. Han was <u>waiting</u> <u>for</u> me.
I was very <u>sorry</u>.

5차시

- **학습 목표**
  - 신나게 노래 부르며 배운 내용 익힐 수 있다.
  - '쪽지 놀이'를 하며 친구들과 대화하고 발표할 수 있다.

- **수업 준비물**
  - 컴퓨터, CD-ROM, 메모지 크기의 종이, 색연필 혹은 사인펜, 상자 4개

- **지도상의 유의점**
  - Go! Go! Sing에서는 CD-ROM의 다양한 기능을 활용하여 반복적으로 노래를 익히고 부를 수 있게 하며, 노래에 익숙해지면 간단한 율동도 함께 해 본다.

도입

1. 인사

T: Hi, everyone. How are you?
S: Fine, thanks. How about you?
T: I'm great. How's the weather today?
S: It's windy and cloudy.
T: Is anyone absent today?
S: No.

2. 복습

T: Before we start today's lesson, let's review first. Do you remember the James's diary you completed last time?
S: Yes.
T: Great! It was a funny episode, wasn't it?
S: Yes, it was very funny.
T: OK. I'll read the diary very slowly changing some parts. Listen carefully to me. Say "Stop!" and correct the part which is different from what you completed. (지난 시간 'Writing Activity C'에서 완성한 제임스의 일기의 일부를 바꾸어 천천히 읽는다.)
S: (잘 듣고 제임스의 일기와 다른 부분이 있으면 "Stop!"이라고 외치고 내용에 맞게 고쳐 말한다.)

3. 활동 안내

T: Today, we're going to learn a new song and do 'Work Together.' Are you ready? Here we go!

➡ 전개

■ Go! Go! Sing

수진이와 제임스가 전화하는 장면

1. 노래 듣기

T: It's time to sing. Open your book to page 00. Let's listen to the song first.

<Who's calling, please?>

Who, who, who's calling, please?
This is, this is, Han Sujin.
How are you, how are you doing?
I'm doing I'm doing very well.

May I may I speak to James.
He is he is not here.
Is something is something wrong with him?
No, no, he is fine. Hold on, hold on a minute, please.

2. 다시 듣고 한 소절씩 따라 부르기

T: Let's sing part by part.

TIP CD-ROM의 '소절별 듣기 기능'을 통해 한 소절씩 따라 부르게 한다. 학생들이 자연스럽게 따라 할 수 있도록 충분히 연습시킨다.

3. 반주에 맞춰 다 함께 노래 부르기

T: Let's sing all together.

TIP CD-ROM의 '반주 기능'을 통해 반주에 맞춰 불러 볼 수 있도록 반복적으로 들려준다.

■ Work Together

To. _____

_____
_____
_____

From. _____

활동 이름	Note Game(쪽지 놀이)
준비물	Paper, colorpen or signpen, Four Boxes (메모지 크기의 종이, 색연필 혹은 사인펜, 상자 4개)
활동 형태	Small Group/Whole Activity (모둠/전체 활동)
사용 언어	· Who's calling, please? · She's/He's not here. · Hold on (a minute), please.

T: Now, it's time to 'Work Together.' We'll write a note about a weekend plan and talk about it over the phone with our classmates. I'm going to tell you how to do this activity.

활동 방법

① T: I'll divide the class into four groups and give each group an empty box. (교사는 학급을 4모둠(A, B, C, D)으로 나누고, 모둠별로 빈 상자를 1개씩 나누어 준다.)

② T: Two groups work together. That is, Group A and B work together and Group C and D work together. (2모둠(A-B, C-D)씩 활동한다.)

③ T: Each member of one group chooses one person of the other group and writes him/her a note about a weekend plan as in the example in the textbook. (모둠별로 각자 상대 모둠의 학생 중 1명을 골라 교과서의 예시를 참고하여 주말에 함께하고 싶은 내용으로 쪽지를 쓰고 예쁘게 꾸민다.)

☆ To: <u>Minsu</u>

Let's go to the museum this **Sunday**. How about meeting at **two** at the subway station? Call me.

☆ From: <u>Jisu</u>

---

④ T: Put all the notes in the box in groups. I'll put the four boxes on the table. (쪽지를 완성하면 모둠별로 상자에 넣어 교사에게 주고, 교사는 4개의 상자를 교탁 위에 올려놓는다.)

⑤ T: When one student from Group A(S1) comes to the front, one student from Group B(S2) stands up and makes a call to the person he/she wrote a note to. (첫 번째 모둠(A)에서 1명(S1)이 앞으로 나오고, 상대 모둠(B)에서 1명(S2)이 전화하는 동작을 취하여 자리에서 일어나 아래와 같이 대화를 나눈다.)

S2: (전화하는 동작을 취하며) Ring! Ring!
S1: (전화 받는 동작을 취하며) Hello?
S2: (자신이 쪽지를 쓴 친구의 이름으로) Hello? May I speak to <u>Minsu</u>, please?

---

⑥ T: S1 takes one note out of the box and checks who the note is written to. If the note is written to the same person S2 calls, S1 says "OK. Hold on a minute, please." and gives the note to the person on the note. (S1은 자신의 모둠 상자(A)에서 쪽지 1장을 꺼내 이름을 확인한 후, S2가 말한 학생(민수)이 면, "OK. Hold on a minute, please."라고 말하며 해당 학생(민수)에게 쪽지를 건네준다.)

⑦ T: If not, S1 says "Sorry. He's/She's not here. Who's calling, please?" and S2 says "This is ....." with his/her own name. And then, S1 puts the note back into the box. (S1이 꺼낸 쪽지에 적힌 이름이 S2가 말한 학생(민수)이 아니면 S1은 "Sorry. He's/She's not here. Who's calling, please?"라고 묻고 S2는 자신의 이름으로 "This is Nari(자신의 이름)."라고 대답한다. S1은 해당 쪽지를 상자에 도로 넣는다.)

⑧ T: S2 comes to the front and the next student from Group A(S3) stands up and keeps on doing the activity in the same way. (위 활동이 끝나면 S2가 앞으로 나오고, A 모둠에서 1명(S3)이 자리에서 일어나며 같은 방법으로 활동을 계속한다.)

⑨ T: After this activity, meet the classmate who wrote a note to you and talk about if you carry out the plan or not. (활동이 모두 끝나면 쪽지를 주고받은 친구들끼리 만나 실제 쪽지의 내용대로 할지 의논하여 실천하도록 한다.)

TIP 시간적 여유가 되면 반 전체가 쪽지를 다 받을 때까지 활동을 계속할 수도 있다.

유의점 모든 학생들이 쪽지를 받을 수 있게 쪽지를 받는 사람이 중복되지 않도록 주의한다.

⇒ 정리

1. 배운 내용 정리

T: That's all for today. Before we finish, let's review. ('Work Together'에서 실제로 사용한 쪽지를 이용하여) I've got some notes. (1장씩 소개하며) Jisu wrote this note to Minsu. She wants to go to the museum this Sunday with him. She suggests meeting at two at the subway station. Now, why don't you call Minsu?

S: Hello? May I speak to Minsu, please?

T: OK. Hold on a minute, please. (해당 학생에게 수화기를 건네주는 동작을 하며) Minsu, it's for you.

S: (전화를 받는 학생과 나머지 학생들이 쪽지의 내용으로 대화해 본다.)

2. 가정 학습 과제 안내

T: Here's your homework. Review what you learned with the CD-ROM.

3. 다음 시간 예고 및 수업 끝내기

T: I hope you had a great time today. Next time, we're going to review Lesson 12. Bye, everyone! See you next time.

수준별 활동 자료

수준	Advanced(심화)
활동 이름	Telephone Role Play(전화 역할놀이)
준비물	No(없음)
활동 형태	Small Group/Whole Activity (모둠/전체 활동)
사용 언어	· Who's calling, please? · She's/He's not here. · Hold on (a minute), please.

활동 방법

① T: Make groups of three. Each member takes a role. One makes a call, another takes a call, and the third talks to a caller later. (3명이 한 모둠이 되어, 1명은 전화하는 사람(S1), 1명은 전화를 받아 건네주는 사람(S2), 나머지 1명 S1과 통화하는 사람(S3)의 역할을 각각 맡는다.)

② T: A caller makes a call and has a phone conversation with the other members. (첫 번째 학생부터 전화를 걸어 아래와 같이 대화한다.)

S1: (전화하는 동작을 취하며) Ring! Ring!
S2: (전화 받는 동작을 취하며) Hello?
S1: Hello? May I speak to S3, please?
S2: Hold on a minute. (S3에게 전화를 바꿔 주며) S3, it's for you.
S3: (전화를 받으며) Thanks. This is S3. Who's calling, please?
S1: This is S1. What are you doing this Sunday?

• S3가 주말 계획이 없는 경우
S3: Nothing much.
S1: Let's go to the museum together.
S3: Sounds good!

S1: How about meeting at two at the subway station?
S3: OK. See you this Sunday.

• S3가 주말 계획이 있는 경우
S3: I'm going to go fishing with my dad.
S1: OK. Have a nice weekend!
S3: You, too.

③ T: Changes roles and continue the conversation in the same way. (역할을 바꾸어 대화를 계속한다.)

6차시

- **학습 목표**
  - 다양한 활동을 하며 배운 낱말이나 문장을 쓸 수 있다.
  - 다른 나라의 문화에 대해 알아보고 우리 문화와의 차이를 이해할 수 있다.

- **수업 준비물**
  - 컴퓨터, CD-ROM, 조사표, 연필

- **지도상의 유의점**
  - Go for it!은 학생 스스로가 자신의 성취 정도를 점검하는 것이므로 지나친 부담을 갖지 않도록 지도한다.
  - Go for it! 활동의 결과에 따라 학생 스스로 자신의 수준을 파악하여, 이어지는 수준별 활동(Catch Up!/ Jump Up!) 선택의 근거로 삼을 수 있게 한다.
  - Catch Up! 이나 Jump Up! 활동에서 교사는 교실을 돌며 어려워하는 모둠이 있는지 살펴보고, 상황 설정이나 어휘 등을 도와주도록 한다.

➡ 도입

1. 인사

T: Hi, everyone!
S: Hi, Mr./Ms. ....
T: What's the weather like today?
S: It's cloudy and windy.
T: Right. Is everyone here?
S: Yes.

2. 복습

T: Today is the last class of this lesson. Let's review before we start. Do you remember the song we learned last time?
S: Yes.
T: All right. Let's sing the song together.
S: (다 함께 노래를 부른다.)
T: Terrific! I want to go to the movies this weekend. How about you?
S: Me, too.
T: OK. Call me then.
S: Hello? May I speak to Mr./Ms ..., please?
T: Speaking. Who's calling, please?
S: (자신의 이름으로) This is .... Let's go to the movies this weekend.
T: Sounds great!
S: How about meeting at two at the subway

station?

T: OK. See you later.

3. 활동 안내

T: Today, we're going to review Lesson 0 by doing some activities. Also, we're going to do the activity that fits into our own English level. Here we go!

➡ 전개

■ Go for It!

활동 A ㅣ 듣기 평가

① 케이티와 우진이가 통화하는 장면
② 제임스와 우진이가 통화하는 장면
③ 케이티와 유나가 축구하는 장면

1. 대화를 듣고 그림이 대화의 내용과 맞으면 O 표, 틀리면 X 표 하기

T: Open your book to page 00. Let's start with Activity A. Listen to the dialogue and mark O if the picture is true according to the dialogue, and mark X if not.

① (Telephone rings.)
우진 엄마: Hello?
케이티: Hello? May I speak to Ujin, please?
우진 엄마: Sorry, he's not here. Who's calling, please?
케이티: This is Katie.

② 우진: Hello? May I speak to James?
낸시: Hold on a minute, please.
(잠시 후)
제임스: Hello?
우진: Hi, James. This is Ujin.

③ 유나: Hello? May I speak to Katie, please?
케이티: Speaking.
유나: Hi, Katie. This is Yuna. It's nice and cool today. Let's play badminton.
케이티: Sure.

2. 정답 확인

T: Let's check the answers together.

활동 B ㅣ 말하기 평가

2명의 학생이 전화로 말하고 있는 장면

활동 형태		전체
평가 기준	상	활동에 필요한 사용 언어를 자신감 있고 정확하게 구사할 수 있다.
	중	활동에 필요한 사용 언어를 말할 수는 있으나 정확성이 떨어지고 자신감이 부족하다.
	하	활동에 필요한 사용 언어를 말하지 못하고, 자신감도 부족하다.
사용 언어		· She's/He's not here. · Who's calling, please? · Hold on (a minute), please.

T: Let's move on to the speaking activity. There are three situations given. Have a conversation with your partner according to each situation.

- 예시 대화(통화를 원하는 사람이 없을 때)

S1: Hello?
S2: Hello? May I speak to (이름)?
S1: Sorry, she's/he's not here. Who's calling, please?
S2: This is (이름).

- 예시 대화(통화를 원하는 사람을 바꿔 줄 때)

S1: Hello?
S2: Hello? May I speak to (이름)?
S1: OK. Hold on (a minute), please.

- 예시 대화(주말에 함께할 일 제안)

S1: Hello?
S2: Hello? May I speak to (이름)?
S1: Speaking. Who's calling, please?
S2: Hi, (이름). This is (이름). Let's play basketball this afternoon.
S1: Sounds great! / Sure. / OK.

활동 C | 읽기/쓰기 평가

- Who's (　　　), please?
- May I (　　　) to Hana?
- Speaking.
- (　　　) is Julie.

1. 빈칸에 알맞은 말 쓰기

T: Let's read and write this time. First of all, fill in the blanks with the right words.

2. 자연스러운 대화가 되도록 문장의 순서 바로잡기

T: Put the sentences in order to make the dialogue natural.

3. 정답 확인

T: Are you done? Let's check the answers together.

TIP Go for It! 활동의 결과에 따라 학생 스스로 자신의 수준을 파악하여, 이어지는 수준별 활동(Catch Up! /Jump Up!) 선택의 근거로 삼을 수 있게 한다.

단원 종합 수준별 활동

■ **Catch Up!**

→ 배운 내용 따라잡기

| ① 2명이 전화하는 장면 |
| ② 2명이 전화하면서 1명을 바꿔주는 장면 |

활동 이름	Role Play(역할극 놀이)
준비물	No(없음)
활동 형태	Small Group Activity(모둠 활동)
사용 언어	· Who's calling, please? · She's/He's not here. · Hold on (a minute), please.

T: It's time to 'Catch Up!' Let's practice the expressions we learned by doing a role-play. I'm going to tell you how to do this activity.

활동 방법

① T: Make groups of three to four. Make up a short story or a situation in which you can use the expressions you've learned in this lesson in groups. Use your imagination. (3~4명이 한 모둠이 되어 서로 의논하여 전화 대화를 나눌 만한 상황과 인물을 설정

한다. 이때 상상력을 발휘하여 재미있고 창의적인 이야기를 꾸미도록 한다.)

② T: Each member takes a role and practice the role-play in groups. (모둠별로 각자 역할을 정하여 설정한 상황으로 역할놀이를 연습한다.)

• 예시 대화

등장인물: 엄마 혹은 아빠, 아들 혹은 딸, 친구

다 함께: Ring! Ring!
엄마: (전화 받는 동작을 하며) Hello?
친구: (전화하는 동작을 하며) Hello? May I speak to Junsu, please?
엄마: Hold on a minute. (전화를 바꿔 주며) Junsu, it's for you.
준수: Thanks, Mom. (전화를 받는 동작을 하며) Hello? Who's calling, please?
친구: Hi, Junsu. This is Sujin. Let's go swimming now.
준수: (어이없는 표정을 하며) Swimming in the fall? No way!

③ T: Come to the front and present your role-play to the class by turns. (모둠별 연습이 끝나면 한 모둠씩 앞으로 나와 연습한 역할놀이를 반 전체에게 보여 준다.)

④ T: Let's give a big hand to the best group that made up the most interesting story. (자연스러운 대화를 만들고 상황을 재미있고 창의적으로 꾸민 모둠을 선정하여 박수를 쳐 준다.)

유의점 교사는 학생들이 모둠 활동을 하는 동안 교실을 돌아다니며 어려워하는 모둠이 있는지 살펴보고 상황 설정이나 어휘 등을 도와주도록 한다.

■ **Jump Up!**

→ 배운 내용 뛰어넘기

①그림에 2개의 모둠이 있음.
  6명 모둠(그림) 6명 모둠(그림)
②한 모둠의 학생이 다른 모둠의 학생을 찾아가 전화하는 장면

활동 이름	Telephone Survey Game (전화 조사 놀이)
준비물	Survey Sheet, Pencil(조사표, 연필)
활동 형태	Small Group/Whole Activity (모둠/전체 활동)
사용 언어	· Who's calling, please? · Hold on (a minute), please.

T: It's time to 'Jump Up!' Let's practice the expressions we learned by conducting a telephone survey. I'm going to tell you how to do this activity.

활동 방법

① T: Make groups of six. Choose a classmate you'd like to know about except your group members and write his/her name. Add anything you want to ask at the end to those given. (6명이 한 모둠이 되어 각자 교재의 표에 다른 모둠의 친구 중 자신이 알고 싶어 하는 친구의 이름을 쓴다. 마지막 칸에는 추가하고 싶은 내용을 쓴다.)

② T: With my starting sign, the members of the first group go to the group that the classmate they chose belongs to with a pencil and the textbook. Then have a conversation with a member who's sitting next to the chosen classmate. (순서를 정하고, 교사가 시작 신호를 하면 첫 번째 모둠의 학생(S1)들은 교과서와 연필을 들고 해당 친구가 속한 모둠으로 찾아가 그 친구(S2)의 옆에 앉은 친구(S3)와 아래와 같이 전화 대화를 한다.)

S1: Ring! Ring!
S3: (전화 받는 동작을 하며) Hello?
S1: (전화하는 동작을 하며) Hello? May I speak to Mira, please?
S3: Hold on a minute. (전화를 바꿔 주며) Mira, it's for you.
S2: Thanks. (전화를 받는 동작을 하며) Hello? Who's calling, please?
S1: Hi, Mira. This is Sejun.

③ T: Ask the chosen classmate questions and fill out the table with his/her answers. (S1은 S2에게 표의 내용으로 질문하고, S2의 대답을 표에 쓴다.)

S1: When is your birthday?
S2: It's November 1st.
S1: What's your favorite TV show?
S2: I like 'Around the World.'
S1: What's your phone number?
S2: It's 123-4567.

④ T: After one group finishes, the next group will continue the activity in the same way. (한 모둠의 활동이 끝나면 다음 모둠 학생들이 자리에서 일어나 활동을 계속한다.)

▶ 정리

1. 배운 내용 정리

T: Time's up. Before we finish today's class, let's review what we've learned so far in this class. I'll say some expressions. If they're the expressions that we use for telephoning, clap once repeating after me. If not, do nothing. Can you do that?
S: Sure.
T: OK. 'Who's calling, please?'
S: (박수를 한 번 치며) Who's calling, please?
T: What a beautiful day!
S: (가만히 있는다.)
T: Hold on a minute, please.
S: (박수를 한 번 치며) Hold on a minute, please.

2. 가정 학습 과제 안내

T: Here's your homework. Review what you learned with the CD-ROM.

3. 다음 단원 예고 및 수업 끝내기

T: You did a good job today. Next time, we're going to start a new lesson, Lesson 0. In the next lesson, we'll learn how to express our surprise and check the fact we know. See you next time.

What a surprise!

📝 단원 설정의 취지

일상생활에서 뜻밖의 일에 대해 놀람을 표현하거나 상대방에게 사실을 확인하는 경우가 있다. 이 단원에서는 놀람을 표현하거나 사실을 확인하는 말을 익혀 상황에 맞게 사용할 수 있도록 하였다.

📝 단원 목표

듣기	• 놀람을 표현하는 말을 듣고 이해할 수 있다. • 사실을 확인하는 말을 듣고 이해할 수 있다.
말하기	• 놀람을 나타내는 말을 할 수 있다. • 사실을 확인하는 말을 할 수 있다.
읽기	• 포기하지 않는 것의 중요함을 나타내는 짧고 쉬운 글을 읽고 내용을 이해할 수 있다. • 영어의 발음, 강세, 리듬, 억양에 맞게 소리 내어 읽을 수 있다.
쓰기	• 낱말이나 어구를 넣어 문장을 완성할 수 있다. • 예시문을 참고하여 놀람을 나타내거나 사실을 확인하는 문장을 쓸 수 있다.
의사소통 기능	• 놀람 표현하기 What a surprise! • 사실 확인하기 Aren't you … ?
어휘	surprise, musical, classmate, twin, remember, practice, any

📝 단원 지도 계획

차시	쪽수	지도 범위	학습 활동
1	00~00	• Go! Go! • Look and Listen • Listen and Check • Listen and Speak • Play and Talk	• 그림을 이용한 간단한 흥미 유발 활동하기 • 애니메이션을 보며 상황 중심의 대화 듣기 • 단원의 주요 의사소통 기능에 대한 듣기 확인 활동하기 • 동영상을 보며 대화 듣고 따라 말하기 • '같은 인물 찾기 놀이'를 하며 의사소통 기능 연습하기

2	00~00	• Think and Talk • Say It Right • Let's Role-play	• 애니메이션을 보며 상황에 맞게 말하기 • 영어의 다양한 소리 익히기 • '빨간 망토' 역할놀이 하기
3	00~00	• Let's Read • Reading Activity	• 쉽고 간단한 글을 읽고 의미 이해하기 • 다양한 활동을 통해 배운 문장 읽기
4	00~00	• Writing Activity • Culture to Culture	• 다양한 활동을 통해 배운 낱말이나 문장 쓰기 • 놀람에 대한 영미권과의 문화적 차이를 배우기
5	00	• Go! Go! Sing • Work Together	• 신나게 노래 부르며 배운 내용 익히기 • '인물 소개 놀이'를 하며 대화하기
6	00~00	• Go for It! • Catch Up! / Jump Up!	• 다양한 활동을 통해 단원의 학습 내용 정리하기 • 수준별(보충/심화) 활동하기

📝 평가 도구

'같은 인물 찾기 놀이', '인물 소개 놀이' 등 다양한 활동을 하면서 놀람을 표현하는 말과 사실을 확인하는 말을 익히도록 하고, 활동이 끝난 후 자기 평가와 학습자 간 상호 평가 등의 수행 평가를 통해 학생 스스로 결과를 확인할 수 있게 한다. 특히 'Go for It!'에서는 단원에서 배운 내용을 통합적으로 평가하여 그 결과를 바탕으로 학생들이 자신의 수준에 맞는 수준별 활동(Catch Up! / Jump Up!)을 선택하게 한다.

1차시

- **학습 목표**
  - 놀람을 표현하거나 사실을 확인하는 말을 듣고 이해할 수 있다.
  - 놀람을 표현하거나 사실을 확인하는 말을 할 수 있다.
  - '같은 인물 찾기 놀이'를 하며 배운 표현을 자신 있게 말할 수 있다.

- **수업 준비물**
  - 컴퓨터, CD-ROM, 쪽지, 연필

- **지도상의 유의점**
  - 'Listen and Speak'에서는 CD-ROM의 '주요 표현 연습' 버튼을 클릭하여 단원의 주요 의사소통 기능만 듣고 따라 말해 보게 할 수 있다.
  - 'Play and Talk'에서는 CD-ROM의 stick figure 애니메이션을 통해 활동 방법을 확인하고 예시 대화를 들을 수 있다.
  - 가정 학습 과제 안내 시 CD-ROM에 수록된 차시별 문제를 풀어 보도록 안내한다.

⇒ 도입

1. 인사

T: Good morning, everyone. How are you feeling today?
S: I'm feeling good. How about you, teacher?
T: I'm feeling good, too.
T: Look at the outside. How's the weather today?
T: Is it rainy out there?
S: No.
T: Is it cloudy out there?
S: No.
T: Is it sunny out there?
S: Yes. It's sunny.
T: Exactly. There's an empty seat. Who's absent today?
S: Nari is. She's sick.
T: I'm sorry to hear that.

2. 지난 단원 복습

T: Do you remember what you learned last time(or in the last class)? Before we start today's lesson, let's do an activity and review first. What do you say when you don't know who's speaking to you on the phone?
S: Who's calling, please?

T: What do you say when you want the speaker to wait for some time over the phone?
S: Hold on a minute, please.
T: Very good! Now, I'll call you. Answer my phone, please. (전화하는 동작을 하며) Ring! Ring!
S: (다 함께 전화 받는 동작을 하며) Hello?
T: (한 학생을 지목하여) May I speak to S1, please?
S: Who's calling, please?
T: This is OOO.
S: Hold on a minute, please.

3. 단원 안내

T: Today, we're going to start a new. In this lesson, we'll learn how to say when you are surprised and when you'd like to check the fact you know.

4. Go! Go! 활동하며 학습 동기 유발

T: Open your book to page 0. There are boys and girls. They look very surprised. Do you know why?
S: Because they meet a famous person.
T: Right. Do you know who the famous people are in the pictures?
S: (그림의 유명한 사람들이 누구인지 말한다.)
T: Who do you want to meet in person among the famous people?
S: (자신이 만나고 싶은 유명한 사람은 누구인지 말해 본다.)
T: Now, let's listen to the song and get ready to start today's lesson.
(➜ 가사 ...쪽)

TIP CD-ROM의 소년과 소녀를 클릭하면 놀람을 표현하고 사실을 확인하는 말을 들어 볼 수 있다.

- 박지성 선수
Excuse me. Aren't you Park Jiseong? What a surprise!

- 스티븐 호킹 박사
Excuse me. Aren't you Dr. Hawking? What a surprise!

- 김연아 선수
Excuse me. Aren't you Kim Yeona? What a surprise!

- 테레사 수녀
Excuse me. Aren't you Mother Teresa? What a surprise!

➡ 전개

■ Look and Listen

우진, 케이티, 한 소녀가 극장 로비 안에 있는 장면

1. 그림 보며 내용 추측

T: Let's start with 'Look and Listen.' Look at the picture on page 0. Who are they?
S: Ujin, Katie and a girl.
T: Where are they?
S: They're in a theater.
T: Right. They're in the lobby of the theater. Can you tell me more about the picture?
S: (그림을 보고 내용을 추측하여 말한다.)

2. CD-ROM 애니메이션을 통해 대화 듣기

T: Ujin and Katie are in the theatre to watch a musical. Ujin saw his classmate, Jisu. She, however, acts as if she didn't know him. Let's listen to the dialogue and find out why she did.

(케이티가 우진이 부모님과 함께 어린이 뮤지컬을 보러 왔다. 뮤지컬 시작 전에 로비에서 이야기하고 있는데 반 친구인 지수의 쌍둥이 자매인 지현이가 지나간다. 케이티가 지수인 줄 알고 지현이를 부른다.)

케이티: (지수인 줄 알고) Hey, Jisu.

(지현이가 못 들은 척 계속 걸어간다.)

케이티: (지현이 쪽으로 달려가며) Jisu, wait!

(그래도 돌아보지 않는 지현. 케이티가 뒤따라가 지현이의 어깨를 톡톡 치자 비로소 돌아본다.)

케이티: (반가워하며) What a surprise! Do you like musicals?
지현: Excuse me? Do I know you?
케이티: (당황하여 말을 더듬거리며) Uh... It's me, Katie, (말끝을 흐리며) your ... classmates?
지현: (역시 당황한 표정으로) Sorry, I don't know you.
케이티: Aren't you Jisu?
지현: (이제야 알겠다는 듯이 웃으며) No, I'm not. I'm Jihyeon. Jisu is my twin sister.

(이때 뒤따라온 우진이가 이마를 치며 지수가 쌍둥이라는 것을 기억해 낸다.)

우진: (이마를 치며) Oh, I remember now. (케이티에게) They're twins.
케이티: (놀라며) Are they? (지현이에게) Sorry. I didn't know that.
지현: (웃으며) That's OK. It happens a lot.

(서로 웃고 있는데 뒤에서 지수가 나타난다.)

지수: (우진이와 케이티를 보고) What a surprise!

(지수와 지현이가 똑같은 옷에 같은 머리 모양을 한 모습을 보고 누가 누구인지 헷갈려한다.)

케이티: (1명씩 짚으며) Umm... You're Jisu. And You're Jisu's sister.

(이때 우진이의 아빠가 시계를 가리키며 부른다.)

아빠: Ujin, Katie, it's time. Let's go inside.
우진, 케이티: (아빠에게) OK.
케이티: (지수와 지현이를 한 사람씩 가리키며 자신 없는 목소리로) Bye, Jisu. Bye, Jihyeon. (헷갈려하며) Am I right?
지수, 지현: Yes. Enjoy the show.

(서로 인사하며 헤어진다.)

3. 대화 내용에 관한 간단한 질문과 대답

T: Who does Katie see in the theatre?
S: Jihyeon.
T: Who does Katie think she is?
S: Jisu.
T: Who is Jisu?
S: She's Katie's classmate.
T: Who is Jihyeon?
S: She's Jisu's twin sister.

4. 내용을 생각하며 대화 다시 듣기

T: Now, let's listen to the dialogue again, thinking about the situation.

■ Listen and Check

①한국음식을 좋아하는 외국인 데이비드의 모습
②버스보다 빨리 달리는 소년의 모습
③Mr. Kim과 길거리에서 만나는 남자의 모습

1. 활동 방법 안내

T: Look at the three pictures. Listen to the dialogues and mark O if the picture is true according to what you hear and mark X if it's not.

S: (대화를 듣고 각 그림이 대화의 내용과 맞으면 O, 그렇지 않으면 X 표를 한다.)

① A: Hello, aren't you David?
   B: Oh, Hi! What a surprise! Nice to meet you here.
   A: Yes. Do you like Korean food?
   B: Of course. I love it.
② A: Look at the boy!
   B: What a surprise! He's very fast!
   A: Yes, he's running faster than the bus.
③ A: Excuse me. Aren't you Mr. Kim?
   B: No, I'm not.
   A: I'm sorry.
   B: That's OK.

2. 정답 확인

T: Let's look at the screen and check the answers together.

■ Listen and Speak

①현우와 샐리가 배드민턴을 치러 운동장으로 가는 장면
②에디가 운동장 한 구석에서 태권도 연습하는 장면

1. 그림 보며 내용 추측

T: Let's move on to 'Listen and Speak.' Turn to page 0. Look at the pictures and guess what the pictures are about.

S: (그림을 보고 내용을 추측하여 말한다.)

2. 동영상을 통해 대화 듣기

T: Eddie is practicing *taegwondo* very hard. Hyeonu and Sally are watching him. They look surprised. Let's listen to the dialogue and see what they're talking about.

(현우와 샐리는 점심시간에 배드민턴을 치러 운동장으로 가는 길이다. 어디선가 기합 소리가 들려 소리 나는 쪽으로 가 보니 에디가 태권도 연습을 하는데 잘하는 모습이다.)

샐리: (현우에게) Isn't that Eddie?
현우: I think so. Let's go there.

(두 사람은 에디 쪽으로 뛰어간다. 에디는 두 사람이 오는지 모르고 연습에 열중하고 있다.)

현우: (가까이 다가와서) Aren't you Eddie?
에디: (동작을 멈추고) Hi, Hyeonu. Hi, Sally.
샐리: What a surprise! Are you practicing *taegwondo*?
에디: Yes. I have a *taegwondo* test tomorrow.
현우: I was surprised. You do it very well.
샐리: Right. (웃으며) You do it better than Hyeonu. You're good at it.

(현우는 샐리의 말을 듣고 약간 자존심이 상한 듯한 표정을 짓는다.)

에디: Thanks. But I'm not that good. I'm still a yellow belt in *taegwondo*.

샐리: How about you, Hyeonu? What color is your belt?
현우: (으스대며) I'm a blue belt. Maybe I can teach you.
에디: (좋아하며) Please!
현우: (기세등등한 표정으로) All right. Watch!

(현우가 큰 소리로 기합을 넣으며 한쪽 다리를 뻗어 올리다가 소리가 나더니 바지가 찢어진다.)

현우: (놀라서 엉덩이를 잡고 뒤로 슬금슬금 도망치며) Good luck, Eddie.

(현우를 보고 에디와 샐리가 웃는다.)

3. 대화 내용에 관한 간단한 질문과 대답

T: Who do Sally and Hyeonu find?
S: Eddie.
T: Why is Sally surprised to see Eddie?
S: Because Eddie's practicing *taegwondo*.
T: Who will take a *taegwondo* test tomorrow?
S: Eddie will.
T: Who is better at *taegwondo*?
S: Hyeonu is.

4. 내용 생각하며 대화 다시 듣고 따라 말하기

T: We'll listen to the dialogue again. This time, listen and repeat what you hear.

■ Play and Talk

학생들이 쪽지를 들고 교실을 돌아다닌다.
☑ 놀이의 규칙을 잘 알고 실천했나요?
　놀이에 필요한 영어 표현을 모두 말할 수 있나요?

활동 이름	Searching for Same Person Game (같은 인물 찾기 놀이)
준비물	Note, Pencil(쪽지, 연필)
활동 형태	Whole Activity(전체 활동)
사용 언어	・Excuse me. Aren't you …? ・What a surprise!

1. 활동 방법 안내

T: Now, it's time to have some fun. We'll find the same person on the card. I'm going to tell you how to do this activity.

활동 방법

① T: Let's decide six famous people we like or look up to. (교사는 학생들과 의논하여 학생들이 좋아하거나 존경하는 사람 6명을 정한다.)

ex. 박태환, 김연아, 빌 게이츠, 테레사 수녀 등

② T: Choose one person among them and write his/her name on a piece of paper. (학생들은 각자 6명의 인물 중 1명을 골라 쪽지에 이름을 쓴다.)

③ T: With my starting sign, walk around the classroom with the paper and have a conversation with a classmate. (교사가 시작 신호를 하면 각자 쪽지를 가지고 교실을 돌아다니며 친구를 만나 아래와 같이 대화한다.)

• 두 사람의 인물이 같은 경우
S1: (박태환을 고른 경우) Excuse me. Aren't you Park Taehwan?
S2: (쪽지를 보여 주며) Yes, I am. Aren't you Park Taehwan?

S1: (쪽지를 보여 주며) Yes, I am.
S1, S2: (양손으로 만세를 하며) What a surprise!

• 두 사람의 인물이 <u>다른</u> 경우
S1: (박태환을 고른 경우) Excuse me. Aren't you Park Taehwan?
S2: (쪽지를 보여 주며) No, I'm not. I'm Kim Yeona. Aren't you Park Taehwan?
S1: (쪽지를 보여 주며) Yes, I am.

④ T: If both of you are the same person, walk around together and keep on the activity. If you are different person from the classmate, depart and meet another classmate to keep on the activity. (서로 같은 인물인 경우 함께 돌아다니며 다른 친구(들)와 만나 같은 방법으로 활동을 계속하고, 다른 인물인 경우에는 헤어지고 다른 친구와 만나 대화한다.)

⑤ T: All the students who are the same person come to me and act out the person's characteristics. In turn, I'll ask "Aren't you ...?" (제한 시간이 지난 후, 서로 같은 인물을 만난 학생들은 함께 교사에게로 와 해당 인물의 특징을 동작으로 나타내고, 교사는 추측하여 "Aren't you ...?"라고 묻는다.)

⑥ T: If you're the person, you'll answer "Yes, I am." Otherwise, you'll say "No, I'm not. I'm ...." (교사가 알아맞히면 학생들은 "Yes, I am."이라고 말하고, 그렇지 않으면 "No, I'm not. I'm ...."라고 말한다.)

⑦ T: the students who find the same person most wins. (같은 인물을 가장 많이 찾은 학생들이 이긴다.)

유의점 학생들이 좋아하거나 존경하는 사람의 사진을 준비하여 사용할 수도 있다.

2. 스스로 평가하기

T: Well done, everyone! Now, answer the questions in the book and check yourself how well you did.

▶ 정리

1. 배운 내용 정리

T: That's all for today. Let's review what we learned. (유명한 사람들의 사진을 준비하고 '박태환' 사진을 보여 주며) Aren't you Park Taehwan?
S: Yes, I am.
T: What a surprise! (김연아 사진을 보여 주며) Now, you ask me.
S: Aren't you Kim Yeona?
T: Yes, I am.
S: What a surprise!

2. 가정 학습 과제 안내

T: Here's your homework. Review what you learned with the CD-ROM.

3. 다음 시간 예고 및 수업 끝내기

T: You did a good job today. Next time, we're going to practice speaking about how you express your surprise and check the fact according to the situation.

수준별 활동 자료

수준	Beginners(보충)
활동 이름	One Mind and Body Game (모둠 일심동체 놀이)
준비물	Paper Speaker (종이로 말아 만든 손확성기)
활동 형태	Small Group/Whole Activity (모둠/전체 활동)
사용 언어	· Aren't you ...? · What a surprise!

활동 방법

① T: Make groups of six. Group A, come to the front and stand in a line. (6명이 한 모둠이 되어, 첫 번째 모둠이 앞으로 나와 앞뒤로 한 줄로 선다.)

② T: The first student decides one person he/she likes. (맨 앞에 있는 학생(S1)은 자신이 좋아하는 인물(예를 들어 박태환)을 1명 정한다.)

③ T: If the first student likes Park Taewhan, he/she whispers "Aren't you Park Taewhan?" to the next student. If the next student likes him, too, he/she answers "Yes, I am." and then whispers the same question to the following student. (교사가 시작 신호를 하면 S1은 뒤의 학생(S2)에게 "Aren't you Park Taehwan?"이라고 귓속말로 묻고, S2는 '박태환'을 자신도 좋아하면 "Yes, I am."이라고 말하고 다음 학생에게 "Aren't you Park Taehwan?"이라고 귓속말로 물으며 활동을 계속한다.)

④ T: However, if the next student doesn't like him but Kim Yeona, he/she answers "No, I'm not. I'm Kim Yeona." and whispers "Aren't you Kim Yeona?" to the following student. (만약 S2가 '박태환'을 좋아하지 않고 '김연아'를 좋아하면 "No, I'm not. I'm Kim Yeona."라고 말하고 다음 학생에게 "Aren't you Kim Yeona?"라고 물으며 활동을 계속한다.)

⑤ T: The last student goes to the first student and asks him/her a question. If the question is "Aren't you Park Taehwan?", the first student answers "What a surprise! Yes, I am." (마지막 학생(S6)에게까지 전달이 되면 S6는 S1에게 가서 같은 방법으로 자신이 좋아하는 사람으로 묻는데, 만약 "Aren't you Park Taehwan?"이라고 물으면 S1은 "What a surprise! Yes, I am."이라고 대답한다.)

⑥ T: The group that the last student and the first student like the same person wins the game. (S6와 S1이 같은 인물을 좋아하는 모둠이 이긴다.)

유의점 귓속말을 할 때 분명하게 말해야 하지만 말을 주고받는 두 사람 이외에는 들리지 않게 한다.

2차시

- **학습 목표**
  - 애니메이션을 보며 상황에 맞게 말하고 짝과 대화할 수 있다.
  - 영어의 강세와 억양에 맞게 낱말과 문장을 읽을 수 있다.
  - '빨간 망토' 역할놀이를 통해 배운 표현을 익힐 수 있다.

- **수업 준비물**
  - 컴퓨터, CD-ROM, 역할놀이

- **지도상의 유의점**
  - 'Think and Talk'에서는 그림이 제한적일 경우, 애니메이션을 보며 대화 상황을 파악하여 무슨 말을 할지 생각해 보게 할 수 있다.
  - 'Let's Role-play'에서는 상상력과 창의력을 높이기 위해 학생들이 그림을 보며 자유롭게 역할놀이를 먼저 해 보게 한 다음, 마지막 정리 단계에서 애니메이션 감상을 할 수도 있다.

▶ 도입

1. 인사

T: Good morning, everyone! How are you?
S: Fine, thank you. And you?
T: Very good. S1, I heard you were sick yesterday. Are you all right today?
S1: Yes. I'm okay.
T: Take care of your health.
S1: I will. Thank you.

2. 복습

T: All right. Before we start today's lesson, let's review first. ('박지성' 사진을 보여 주며) Do you like Park Jiseong?
S: Yes, I do.
T: What will you say if you happen to meet him?
S: What a surprise! Aren't you Park Jiseong?
T: Excellent! Who do you admire?
S: Dr. Hawking.
T: What will you say if you meet him in person?
S: What a surprise! Aren't you Dr. Hawking?

3. 활동 안내

T: Today, we're going to watch some animations and have a conversation with our partners. Also, we're going to role-play scenes from '빨간 망토.' All right. Let's go!

▶ 전개

■ Think and Talk

상황 ❶

❶백마를 탄 개구리 왕자가 개구리 공주를 만나는 장면
(백마를 탄 왕자 개구리가 예쁜 개구리 공주를 만났다. 공주의 모습에 반하여 왕자가 말에서 내린다.)
❷개구리 왕자가 개구리 공주에게 유리구두를 보여주는 장면(왕자가 말안장 주머니에서 유리 구두를 꺼내 보여 주며 묻는다.)

1. 그림 보며 왕자 개구리가 무슨 말을 할지 생각해 보기

T: Let's start with 'Think and Talk.' Open your book to page 0. Look at the pictures of Situation 1. Can you guess what's happening?
S: (그림을 보며 상황을 추측하여 말한다.)
T: The frog prince meets a princess. He asks her if she is Cinderella. Think about what the frog prince would say in that situation.

2. 애니메이션을 보며 동물 캐릭터를 대신해 말해 보기

T: Let's watch the animation. Say the expression when the speech bubble appears on the screen in place of the frog prince.

[그림 장면 ❶]
(백마를 탄 왕자 개구리가 예쁜 개구리 공주를 만났다. 공주의 모습에 반하여 왕자가 말에서 내린다.)

왕자: Oh, you look beautiful!
공주: Thank you. You look great, too.

[그림 장면 ❷]
(왕자가 말안장 주머니에서 유리 구두를 꺼내 보여 주며 묻는다.)

왕자: Aren't you Cinderella?
공주: (기분 나쁜 표정으로 토라지며) No, I'm not. I'm Snow White.

3. 애니메이션을 다시 보며 자신이 말한 표현이 맞는지 확인하기

T: What did you say instead of the frog prince? Let's watch the animation again and see if you're right.

4. 짝과 함께 대화해 보기

T: Did you say the right expression? Now, have a conversation with your partner.

상황 ❷

❶강아지와 고양이가 동네 떡볶이 가게로 들어가고, 유명가수 사자가 떡볶이를 정신없이 먹고 있는 장면
❷강아지와 고양이가 놀라는 장면
❸강아지와 고양이가 사인을 받으려고 종이와 연필을 꺼내자 사자는 부끄러워 도망치는 장면

1. 그림 보며 강아지와 고양이가 무슨 말을 할지 생각해 보기

T: Look at the pictures of Situation 2. Can you guess what's happening?
S: (그림을 보며 상황을 추측하여 말한다.)
T: The cat and the dog see a pop star eat *tteokbokki* at a snack bar. Think about what

they would say in that situation.

2. 애니메이션을 보며 동물 캐릭터를 대신해 말해 보기

T: Let's watch the animation. When the speech bubble comes out, say the expression in place of the dog and the cat.

[그림 장면 ❶]
(강아지와 고양이가 동네 떡볶이 가게로 들어온다. 그런데 가게 안에는 유명한 가수가 떡볶이를 정신없이 먹고 있다. 놀란 강아지와 고양이가 가수에게 다가가 맞는지 확인한다.)

강아지: Excuse me. Aren't you Mr. Leno, the singer?
사자: (부끄러워하며) Yes, I am.

[그림 장면 ❷]
강아지, 고양이: (놀라며) What a surprise!

[그림 장면 ❸]
(고양이와 강아지가 사인을 받으려고 종이와 연필을 꺼내 들었는데 사자는 부끄러워 도망친다.)

3. 애니메이션을 다시 보며 자신이 말한 표현이 맞는지 확인하기

T: What did you say instead of the dog and the cat? Let's watch the animation again and see if you're right.

4. 짝과 함께 대화해 보기

T: Did you say the proper expression? Now, have a conversation with your partner.

■ **Say It Right**

> **아래 단어를 그림처럼 멋지게 만들어주세요.
> surprise
> remember
> musical
> practice
> classmate
>
> What a surprise!
> what a disappointment
> Aren't you Ms.Kim?
> Isn't it pretty?

A. 강세

1. 강세에 주의하여 낱말 듣기

T: It's time to focus on sounds. Let's watch the screen and see how the words are pronounced. Pay attention to where stress falls in the words.

> □ 강세 지도
> • 명사의 강세
> 접두사와 접미사에는 강세가 오지 않고 어근에 강세가 온다. 아울러 복합 명사는 첫 음절에 강세가 온다.
> ex. surprise, remember, musical, practice, classmate

2. 강세에 주의하여 낱말 따라 말하기

T: Now, listen and repeat. Try to place stress correctly in the words.

B. 억양

1. 억양에 주의하여 문장 듣기

T: Let's listen to the sentences, paying special attention to the intonation of the sentences.

□ 억양 지도

• 감탄문의 억양
감탄문은 2-1-3-1의 억양으로 마지막 음절을 내려 말한다.
ex. What a surprise!
    What a disappointment!

• 부정 의문문의 억양
부정의문문은 2-1-3의 억양으로 끝을 올려 말한다.
ex. Aren't you Ms. Kim?
    Isn't it pretty?

2. 억양에 주의하여 문장 따라 말하기

T: Now, listen and repeat. Try to say the sentences naturally.

유의점 원어민의 입 모양에 가깝게 발음할 수 있도록 지도하고, 정확한 발음을 위해 충분히 연습시킨다.

■ Let's Role-play

빨간망토 그림 장면 ❶~❻

[그림 장면 ❶]
(빨간 망토의 엄마는 할머니가 아프다는 소식을 듣고 케이크를 만들어 바구니에 담아 빨간 망토에게 건네준다.)

[그림 장면 ❷]
(빨간 망토가 바구니를 들고 숲 속 길을 걸어가는데 늑대가 접근하여 말을 건다.)

[그림 장면 ❸]
(늑대가 음흉한 웃음을 지으며 어디에 가는지 묻는다.)

[그림 장면 ❹]
(할머니 집에 도착한 빨간 망토. 늑대가 먼저 와서 할머니를 벽장 속에 가두고 할머니 옷을 입고 이불을 얼굴까지 뒤집어 쓴 채 침대에 누워 있다. 벽장 문틈으로 꽁꽁 묶여 있는 할머니가 보인다.)

[그림 장면 ❺]
(목소리가 이상하자 빨간 망토가 늑대 가까이 다가와 여기저기 살펴보더니 아까 숲에서 만났던 늑대를 떠올린다.)

[그림 장면 ❻]
(이때 할머니가 벽장에서 탈출해 커다란 프라이팬으로 늑대의 머리를 내리쳐 늑대가 기절한다.)

☑ 친구들과 사이좋게 협력해서 잘했나요?
영어를 자신감 있게 말했나요?

1. 모둠별로 그림 보며 전체 이야기와 각 장면에 대해 추측하여 이야기 꾸미기

T: It's time for Role-play. Make groups of four. Look at the pictures. What story is it? Do you know about this story?
S: ('빨간 망토' 이야기에 대해 말한다.)
T: Look at each picture and talk about what's happening with your group members.

2. 애니메이션 감상

T: OK, let's watch the animation and compare it with your story.

⟨빨간 망토⟩

[그림 장면 ❶]
(빨간 망토의 엄마는 할머니가 아프다는 소식을 듣고 케이크를 만들어 바구니에 담아 빨간 망토에게 건네준다.)

엄마: (아픈 할머니를 생각하며) Grandma is very sick. Can you go to Grandma and give her this cake?
빨간 망토: Sure.

[그림 장면 ❷]
(빨간 망토가 바구니를 들고 숲 속 길을 걸어가는데 늑대가 접근하여 말을 건다.)

늑대: (친절한 웃음을 가장하여) Hi!
빨간 망토: Hello, Mr. Wolf.
늑대: Aren't you Little Red Riding Hood?
빨간 망토: Yes, I am. People call me **by that name**,

[그림 장면 ❸]
(늑대가 음흉한 웃음을 지으며 어디에 가는지 묻는다.)

늑대: Where are you going?
빨간 망토: I'm going to see my grandma. She's very sick.
늑대: (양쪽 눈썹을 위아래로 움직이며) Really? (할머니 집으로 먼저 가려고) Sorry, I have to go now. Bye.
빨간 망토: Bye.

(늑대가 열심히 달려 빨간 망토보다 할머니 집에 먼저 들어간다.)

[그림 장면 ❹]
(할머니 집에 도착한 빨간 망토. 늑대가 먼저 와서 할머니를 벽장 속에 가두고 할머니 옷을 입고 이불을 얼굴까지 뒤집어 쓴 채 침대에 누워 있다. 벽장 문틈으로 꽁꽁 묶여 있는 할머니가 보인다.)

빨간 망토: Hi, Grandma! How are you?
늑대: (기침을 콜록콜록하며) Not so good.

[그림 장면 ❺]
(목소리가 이상하자 빨간 망토가 늑대 가까이 다가와 여기저기 살펴보더니 아까 숲에서 만났던 늑대를 떠올린다.)

빨간 망토: Aren't you Mr. Wolf?
늑대: (벌떡 일어나 발톱을 세워 잡아먹으려고 하며) Yes, I am.

[그림 장면 ❻]
(이때 할머니가 벽장에서 탈출해 커다란 프라이팬으로 늑대의 머리를 내리쳐 늑대가 기절한다.)

빨간 망토: (작고 연약한 할머니의 괴력을 보고 놀라며) What a surprise!

TIP 심화 수준의 학생들의 경우 애니메이션 감상을 하기 전에 먼저 그림을 보며 역할놀이를 창의적으로 구성하게 할 수도 있다.

3. 내용에 관한 간단한 질문과 대답

T: Why does Little Red Riding Hood go to the forest?
S: Because her grandma is sick.
T: Who does she meet in the forest?
S: A wolf.
T: Who gets to her grandma's house first?
S: The wolf.
T: When she gets there, is her grandma in her bed?
S: No, she isn't. The wolf is in her bed.
T: Who saves Little Red Riding Hood?
S: Her grandmother does.

4. 애니메이션 다시 보며 따라 말하기

T: Let's watch the animation again. This time listen and repeat what you hear.

유의점 각 인물의 대사가 끝날 때마다 CD-ROM의 '일시 정지' 버튼을 눌러 따라 말하게 한다. 학생들이 자신 있게 말할 수 있도록 여러 번 들려 준다.

5. 모둠별로 역할을 정하여 역할놀이 하기

T: Take a role and do the role-play with your group.

6. 반 전체에게 발표하기

T: You can present your role-play to the rest of the class. Which group wants to role-play, first?

TIP 가장 잘한 모둠을 투표로 선정하여 적절한 보상을 한다.

7. 스스로 평가하기

T: Well done, everyone! Now, answer the questions in the book and check yourself how well you did.

⇒ 정리

1. 배운 내용 정리

T: Time's up. Before we finish, let's role-play together. Girls, you're Little Red Riding Hood. Boys, you're Mr. Wold. And I'll take the roles of her mom and grandma.

TIP CD-ROM의 '조용히' 기능을 이용하여 소리는 나지 않게 한 후, 화면만 보며 맡은 역할을 말해 본다.

2. 가정 학습 과제 안내

T: Here's your homework. Review what you learned with the CD-ROM.

3. 다음 시간 예고 및 수업 끝내기

T: Next time, we're going to read a story about a girl named Sujin and do some interesting reading activities. Bye, everyone! See you next time.

수준별 활동 자료

수준	Advanced(심화)
활동 이름	Becoming a Leading Character Game (동화 속 주인공 되기 놀이)
준비물	Paper, Pencil, Colorpen, Signpen etc. (종이, 연필, 색연필, 사인펜 등)
활동 형태	Pair-works(짝 활동)
사용 언어	· What a surprise! · Aren't you ...?

활동 방법

① T: Choose a hero of a fairy tale you like.
(각자 원하는 동화 속 주인공을 정한다.)

② T: Work in pairs. Discuss and make up a story using the expressions you've learned in this lesson. Then draw pictures according to the story. (짝과 의논하여 간단하게 재미있는 이야기를 만들어 그림으로 그린다. 이때 대사가 있는 부분에는 말풍선을 그려 넣는다.)

③ T: Practice the role-play with your partner. (그림이 완성되면 짝과 함께 역할극을 한다.)

- 예시 대화

(S1: 바보 온달 / S2: 아인슈타인)
S1: Excuse me. Aren't you Mr. Albert Einstein?
S2: Yes, I am.
S1: What a surprise! I'm Ondal. I'm from Korea. Nice to meet you.
S2: Nice to meet you, too.
S1: Can you help me with my math? I have a math test tomorrow.
S2: Sure. What is one plus one?
S1: Hmm... I don't know. That's too difficult.

③ T: Take turns presenting your role-play in front of the class. (한 팀씩 앞으로 나와 반 전체에게 역할극을 해 보인다.)

3차시

■ 학습 목표
- 수진이에 관한 글을 읽고 이해할 수 있다.
- 다양한 활동을 하며 놀람을 표현하거나 사실을 확인하는 문장을 읽을 수 있다.

■ 수업 준비물
- 컴퓨터, CD-ROM, 큰 종이, 색연필 혹은 사인펜

■ 지도상의 유의점
- 'Let's Read'에서는 하단의 Help에 제시된 우리말 설명을 참고하여 학생 스스로 글의 내용을 추측해 보게 한다.
- 학생들이 활동을 하는 동안 교사는 교실을 돌아다니며 도와준다.

⇒ 도입

1. 인사
T: Hello, everyone! How are you doing?
S: We're very good, thank you. And you?
T: I'm great. It's very fine today, isn't it?
S: Yeah.
T: I like sunny days.
S: Me, too.

2. 복습
T: All right. Before we start today's lesson, let's review by role-playing the story we learned last time. Look at the animation and repeat their roles.
S: (애니메이션을 보며 늑대와 소녀의 대사를 따라 말한다.)
T: Great! Now, answer my questions. What's the girl's name?
S: Little Red Riding Hood.
T: Where is she going?
S: She's going to her grandma's house.
T: Why is she surprised in the last scene?
S: Because her grandma is very strong.

3. 활동 안내
T: Today, we're going to read a story about a girl named Sujin and do some interesting reading activities.

➡ 전개

■ Let's Read

①수진이가 피아노 연습을 하고 있는 장면
②실력이 나아지지 않아 힘들어하는 표정
③할아버지께서 용기를 주는 장면
④피아노대회에서 1등상을 받는 장면

Help Piano contest 피아노 대회 hard 열심히 practice the piano 피아노 연습을 하다 give up 포기하다

1. 그림 보며 내용 추측

T: Open your book to page 0. Look at the picture and think what it is about.

2. 글의 내용 이해

T: Look at the picture and the text. Can you guess what the text is about?
S: (그림을 보며 글의 내용을 추측하여 말한다.)

□ 읽기 지도

<What a surprise!>

Sujin practiced the piano hard for the contest.
But she didn't get any better.
She wanted to give up.
One day her grandfather told her.
"Don't give up, Sujin. You can do it!"
she practiced harder.
Today she played the piano at the contest.
What a surprise! She won!

TIP 글의 내용에 대해 생각할 때 하단의 Help에 제시된 낱말이나 어구의 우리말 설명을 참고하도록 한다.

3. 글 듣고 따라 읽기

T: Let's listen to the text, thinking what the text is about.
S: (글의 내용에 대해 생각하며 듣는다.)
T: OK. Now, let's listen and repeat sentence by sentence, thinking what each sentence means.
S: (각 문장의 의미를 생각하며 한 문장씩 듣고 따라 읽는다.)

4. 다 함께 큰 소리로 글 전체 읽어 보기

T: Let's read the text together.
S: (느낌을 살려 다 함께 큰 소리로 읽는다.)

TIP 모둠별, 성별 등 다양하게 역할을 나누어 읽어 보게 한다.

■ Reading Activity

활동 A

**아래 문장을 그림처럼 예쁘게 써 주세요.
· 함께하는 것이 혼자 하는 것보다 낫다.
· 가는 말이 고와야 오는 말이 곱다
· 티끌 모아 태산이다.
· 하늘은 스스로 돕는 자를 돕는다.

1. 글을 다시 읽고 교훈으로 알맞은 문장 골라 ✔ 표 하기

T: Turn to page 0. Let's do some interesting reading activities. Look at Activity A. Read the text again on page 0. Choose the lesson you learned from the text and mark V.

유의점 어려워하는 학생들은 Let's Read의 문장을 보면서 답을 찾아보게 한다.

2. 정답 확인

T: Let's look at the screen and check the answer together.

활동 B

**문장과 그림을 함께 제시하기
① I won at the guitar contest.
② I got a cold.
③ I met my friend at the park.

1. 문장 읽고 소년의 말과 어울리는 내용이면 ☺에, 그렇지 않으면 ☹에 동그라미 하기

T: Let's move on to Activity B. What does the boy say? Can you read it?

S: 'What a surprise!'

T: Right. Read the three sentences from number one to three. If each sentence shows a surprising thing, circle the happy face icon. If not, circle the sad face icon.

2. 정답 확인

T: Let's check the answers together.

활동 C activity

한 모둠에 4명인 6모둠이 칠판을 보고서 한 모둠의 한 학생씩 문장을 읽는 장면

준비물	큰 종이, 색연필 혹은 사인펜 (Big Paper, Colorpen or Signpen)
활동 형태	Small Group/Whole Activity (모둠/전체 활동)

T: Now, let's do an interesting reading activity. I'm going to tell you how to do this activity.

활동 방법

① T: I'll write down all the sentences in 'Let's Read.' (교사는 'Let's Read'의 글을 큰 종이에 써서 칠판에 붙이거나 직접 쓴다.)

② T: Make groups of six and decide turns. (학급을 6모둠으로 나누고 순서를 정한다.)

③ T: I'll read the first sentence. Anyone in the first group stands up within three seconds and reads the second sentence. The group members should not talk one another and a group reads one sentence only. (교사가 첫 번째 문장을 읽으면 첫 번째 모둠에서 3초 이내에 아무나 일어나 두 번째 문장을 읽는다. 이때 모둠의 학생들끼리 서로 말하지 않도록 하고, 한 모둠에서 한 문장씩만 읽도록 한다.)

④ T: The chance will turn to next group if the time is over, if more than two members in a group stand up, or the member can't read the sentence properly. (제한 시간이 지났는데 아무도 일어나지 않는 경우, 한 모둠에서 2명 이상이 동시에 일어나는 경우 또는 문장을 제대로 읽지 못하는 경우에는 다음 모둠에게 기회를 넘긴다.)

⑤ T: The group will get a point if only one member stands up within three seconds and reads the sentence properly. (제한 시간 내에 1명이 일어나 제대로 문장을 읽은 모둠은 점수를 얻는다.)

⑥ T: The group with the most points will be the winner. (같은 방법으로 활동을 계속하고, 활동이 모두 끝난 후 점수를 가장 많이 얻은 모둠이 이긴다.)

유의점 모둠의 학생들이 골고루 읽을 수 있도록 한 사람이 여러 번 읽지 않도록 한다.

▣ 정리

1. 배운 내용 정리

T: That's all for today. Let's review what we learned. Why don't you read the text on page 0 out loud.
S: (165쪽 글을 큰 소리로 읽는다.)
T: Now, answer my questions according to what you read. What did Sujin practice the piano hard for?
S: For the contest.
T: Why did she want to give up?
S: Because she didn't get any better.
T: Who advised her not to give up?
S: Her grandfather did.
T: What happened at the end of the story?
S: She won at the piano contest.

2. 가정 학습 과제 안내

T: Here's your homework. Review what you learned with the CD-ROM.

3. 다음 시간 예고 및 수업 끝내기

T: You did a good job today. Next time, we're going to do some interesting writing activities. Have a good time! Good-bye, everyone!

수준별 활동 자료

수준	Beginners(보충)
활동 이름	Selecting Sentence Card Game (문장 카드 고르기 놀이)
준비물	Sentence Card(문장 카드(CD-ROM '자료실'))
활동 형태	Whole Activity(전체 활동)
사용 언어	Sentences students learned in 'Let's Read'('Let's Read'에서 배운 문장)

활동 방법

① T: I'll put two sets of sentence cards on the board. (교사는 'Let's Read'의 문장이 들어 있는 문장 카드 2세트를 칠판 여기저기에 붙여 놓는다.)

② T: I'll divide the class into three groups. Each group stands in a line. (학급을 3모둠으로 나누고, 모둠별로 앞뒤로 한 줄로 선다.)

③ T: I'll read a sentence. The first student from each group comes to the board, picks up the right sentence card and comes back to his/her group with it. (교사가 문장 하나를 큰 소리로 읽으면, 각 모둠의 첫 번째 학생들은 재빨리 칠판으로 달려가 해당 문장

카드를 찾아 제자리로 가져온다.)

④ T: Read the sentence out loud. (각자 가져온 카드의 문장을 큰 소리로 읽는다.)

⑤ T: The group whose member picks up the right sentence card and reads the sentence correctly gets two points. The group whose member picks up the right sentence card but doesn't read the sentence correctly gets one point. (알맞은 문장 카드를 가져와 제대로 읽으면 2점, 알맞은 문장 카드를 가져왔으나 제대로 읽지 못하면 1점을 얻는다.)

⑥ T: The student who finishes his/her turn goes to the end of his/her line. (활동을 마친 학생들은 줄의 맨 뒤로 가서 서고, 다음 학생이 같은 방법으로 활동을 계속한다.)

⑦ T: The group with the most points wins. (활동이 모두 끝난 후 점수를 가장 많이 얻은 모둠이 이긴다.)

유의점 교사는 활동이 끝난 문장을 다시 칠판에 붙여 다음 학생이 선택할 문장 카드에 포함될 수 있도록 한다.

4차시

- **학습 목표**
  - 다양한 활동을 하며 배운 낱말이나 문장을 쓸 수 있다.
  - 다른 나라의 문화에 대해 알아보고 우리 문화와의 차이를 이해할 수 있다.

- **수업 준비물**
  - 컴퓨터, CD-ROM, 큰 종이, 연필

- **지도상의 유의점**
  - 문화 지도는 학생들이 문화의 차이에 대해 인식하는 것에 초점을 맞추되, 어느 문화가 더 낫거나 못하다는 인식을 가지지 않도록 주의하여 지도한다.

▶ 도입

1. 인사

T: Good afternoon, Class!
S: Good afternoon, Ms./Mr. ....
T: How's it going?
S: Not too bad. How about you?
T: I'm all right. Did you enjoy your lunch?
S: Yes, it was delicious.

2. 복습

T: All right. Before we start today's lesson, let's review what we learned last time. I'll write some sentences on the board. Boys, read each sentence out loud. Girls, listen and say "What a surprise!" if what you hear makes you surprised. (칠판에 놀라운 일을 나타내는 문장을 3~4개 정도 쓴다.)
S: (남학생들은 교사가 쓴 문장을 하나씩 큰 소리로 읽고 여학생들은 각 문장의 내용이 놀라운 것이면 "What a surprise!"라고 말한다.)
B: (교사가 쓴 내용대로) My uncle is 2 meters tall.
G: (놀라운 일이라고 생각하면) What a surprise!

3. 활동 안내

T: Today, we're going to do some interesting writing activities. We'll write some words and short sentences. Are you ready to start? OK. Let's get started!

▶ 전개

■ Writing Activity

활동 A

****문장과 그림을 함께 제시
· She practiced the piano hard.
· she wanted to give up.
· she didn't set my better.
· she won at the piano contest.

1. 그림 보며 문장의 의미 추측

T: Open your book to page 0. Let's start 'Writing Activity.' Look at Activity A. Look at the pictures and think about what each sentence is about.

2. 문장 따라 쓰기

T: Do you know what each sentence means? Now, copy the sentences in the blanks. Be careful about capitalization and punctuation.

3. 문장 듣고 따라 읽기

T: Let's listen to the sentences and repeat them.

활동 B

① 재민이 학교에 항상 늦게 오는 장면
② 재민이 제일 먼저 학교에 오는 장면

· Jamin is always (   ) for class.
· What a (   )!
· He was it (   ) for class today.

1. 케이티의 친구에 대한 이야기를 듣고 빈칸에 알맞은 말 쓰기

T: Let's move on to Activity B. You're going to listen to a story of Jaemin, who is Katie's friend. Listen and fill in the blanks.

Hi, I'm Katie.
I have a friend.
His name is Jaemin.
He's always late for class.
But what a surprise!
He wasn't late for class today.
He came to school first.
We're all surprised.

2. 정답 확인

T: Are you finished? Is it difficult? Let's look at the screen and check the answers together.

활동 C activity

한 학생이 칠판에 무언가를 쓰고 있고,
4명에 한 모둠인 두 모둠이 모둠별로 의논하고 있는 장면

준비물	Big Paper, Pencil(큰 종이, 연필)
활동 형태	Small Group/Whole Activity (모둠/전체 활동)

T: Turn to page 0. Now, let's do an interesting writing activity. I'm going to tell you how to do this activity.

········· 활동 방법 ·········

① T: Make groups of four. Each group, talk

What a surprise! / 4차시   67

about the experiences or events at which you were surprised and choose one in groups. (4명이 한 모둠이 되어 각자 놀라웠던 경험이나 사건에 대해 이야기를 나누고 그 중 한 가지를 고른다.)

② T: Write more than four sentences about the experience or event you chose in groups. Advanced students help other students write at least one sentence. (서로 의논하여 고른 이야기를 글로 쓴다. 이때 4문장 이상 쓰도록 하고, 잘하는 학생은 못하는 학생을 도와주어 골고루 한 문장씩 써 볼 수 있도록 한다.)

③ T: In groups, come to the board and write down your story. The other groups read them aloud and try to understand them, correcting any errors like misspelling one another. (글을 모두 완성하면 한 모둠씩 앞으로 나와 칠판에 다시 한 번 쓰고, 다른 모둠의 학생들은 큰 소리로 읽으며 내용을 이해한다. 이때 철자나 오류에 대해서도 서로 고쳐 주도록 한다.)

④ T: Give a big hand to the group that wrote the most surprising experience or event. (전체 모둠의 글 소개가 끝나면 가장 놀라운 경험이나 사건에 대해 쓴 모둠을 선정하여 박수를 쳐 준다.)

TIP 학생들이 실제 경험으로 쓰는 것을 어려워하면 지금까지 제시된 다양한 상황 중 한 가지를 골라 쓰게 하거나 참고할 만한 어휘를 칠판에 써 주도록 한다.

■ **Culture to Culture**

놀람을 나타내는 동서양의 다양한 장면들

T: Let's move on to 'Culture to Culture.' You'll learn about the difference of surprise between Korea and English- speaking countries.

❑ Culture Teaching(문화 지도)
- '놀람'에 대한 우리나라와 영어권 나라들과의 차이
① 우리나라에서는 일반적으로 놀람이 뜻밖의 놀라운 일이나 사건에 사용되어 진다. 긍정적으로 사용되어지는 경우도 있지만 대부분 부정적으로 사용되어지는 경우가 많다.
② 영어권 나라들에서는 놀람에 대한 표현들이 다양하게 사용되어지며 부정적으로 사용되어지는 경우도 있지만 다음과 같은 표현에서는 긍정적인 측면들을 많이 포함하고 있다.
ex. What a surprise!
What a pleasant surprise! surprise party

▶ **정리**

1. 배운 내용 정리

T: That's all for today. Before we finish, let's wrap up today's class. Can you read the story of Jaemin in Writing Activity B?
S: ('Writing Activity B'의 재민이의 이야기를 읽는다.)
T: Great job! Now, I'll say some sentences. Listen carefully to me and write the sentences in your notebook.

S: (교사가 말하는 문장을 공책에 쓴다.)
T: OK. Let's check the answers together. (칠판에 정답을 쓴다.)
S: (교사가 쓴 문장을 보고 답을 확인한다.)

TIP 원하는 학생은 교재를 펼쳐 놓고 해당 문장을 보고 쓰도록 한다.

2. 가정 학습 과제 안내

T: Here's your homework. Write all the sentences you learned today in your notebook again.

3. 다음 시간 예고 및 수업 끝내기

T: You did a good job today. Next time, we're going to learn a new song and do an interesting activity for introducing a famous person. For the activity you have to decide who your group will introduce and bring his/her photos or pictures.

수준별 활동 자료

수준	Advanced(심화)
활동 이름	Completing Surprising Events Game (놀랄 만한 사건 완성하기)
준비물	A4 Paper, Pencil(A4 종이, 연필)
활동 형태	Small Group/Whole Activity (모둠/전체 활동)
사용 언어	Words and Sentences students have learned(지금까지 배운 낱말과 문장)

활동 방법

① T: Make groups of six. I'll write some sentences on the board. (6명이 한 모둠이 되고, 교사는 칠판에 문장 3~4개를 쓴다.)

ex. · Jinsu doesn't like puppies.
· Hana met Superman yesterday.

② T: Each group chooses one sentence and writes it on a piece of paper as the first sentence of its story. Each member takes turns writing one sentence following the first sentence to make a surprising story. (모둠별로 교사가 쓴 문장 중 하나를 골라 종이에 첫 번째 문장으로 쓰고, 1명씩 돌아가며 첫 문장에 이어 놀랄 만한 사건이 되도록 1문장씩 이어 쓴다.)

③ T: Group A, come to the front and read your story. The rest of the class say "What a surprise!" if you think the story is surprising. (글을 모두 완성하면 한 모둠씩 앞으로 나와 큰 소리로 읽고 다른 모둠의 학생들은 들은 내용이 놀랄 만한 일이면 "What a surprise!"라고 말한다.)

④ T: The group with the most surprising story wins. (가장 많은 학생들에게서 "What a surprise!" 라는 응답을 받은 모둠이 이긴다.)

TIP 1 모둠별로 다른 문장으로 시작하게 할 수도 있고, 똑같은 문장으로 시작하게 할 수도 있다. 각각의 경우에 모두 흥미로운 사건 전개가 될 수 있을 것이다.

TIP 2 학급의 수준에 따라 제한 시간을 줄이거나 늘릴 수 있다.

유의점 모둠별로 문장을 쓸 때 교사는 교실을 돌며 어려워하는 학생들을 도와준다.

5차시

- **학습 목표**
  - 신나게 노래 부르며 배운 내용을 익힐 수 있다.
  - '인물 소개 놀이'를 하며 친구들과 대화할 수 있다.

- **수업 준비물**
  - 컴퓨터, CD-ROM, 유명한 사람의 사진이나 그림, 풀, 가위, 색연필 혹은 사인펜

- **지도상의 유의점**
  - Go! Go! Sing에서는 CD-ROM의 다양한 기능을 활용하여 반복적으로 노래를 익히고 부를 수 있게 하며, 노래에 익숙해지면 간단한 율동도 함께 해 보게 한다.

▶ 도입

1. 인사

T: Hello, everyone!
S: Hi, Mr./Ms. ….
T: How are you doing?
S: Great, thanks.
T: Nice weather today, isn't it?
S: Yes, it is. It's very fine.

2. 복습

T: Before we start today's lesson, let's review first. I'll write some sentences that include some errors. You correct the errors and write the sentences in your notebook. (낱말의 철자가 틀리거나 낱말의 순서가 잘못된 문장을 칠판에 몇 개 쓴다.)

ex. Excuse me. Isn't you Ms. Han?
He's always for late class.
What a surprise.

S: (각 문장에서 틀린 부분을 바르게 고쳐 공책에 문장을 쓴다.)
T: Let's check the answers together. Who can correct the errors for number 1?
S: (원하는 학생은 칠판으로 와 문장을 바르게 고쳐 쓰고 다 함께 정답을 확인한다.)

3. 활동 안내

T: Today, we're going to sing a song and do 'Work Together' for introducing a famous person. Are you ready? Here we go!

➡ 전개

■ Go! Go! Sing

①내가 데이비드를 만나서 놀라는 장면
②내가 앨리스를 만나서 놀라는 장면

1. 노래 듣기

T: It's time to sing. Open your book to page 0. Let's listen to the song first.

<What a Surprise!>

Hello, hello, aren't you David?
Yes, I am. Yes, I am.
What a surprise!
Nice to meet you here.
What a surprise!
Nice to meet you here, too.
Surprise, surprise!
What a happy surprise!

Hello, hello, aren't you Alice?
Yes, I am. Yes, I am.
What a surprise!
Nice to see you again.
What a surprise!
Nice to see you again, too.
Surprise, surprise!
What a happy surprise!

2. 다시 듣고 한 소절씩 따라 부르기

T: Let's sing part by part.

TIP CD-ROM의 '소절별 듣기 기능'을 통해 한 소절씩 따라 부르게 한다. 학생들이 자연스럽게 따라 할 수 있도록 충분히 연습시킨다.

3. 반주에 맞춰 다 함께 노래 부르기

T: Let's sing all together.

TIP CD-ROM의 '반주 기능'을 통해 반주에 맞춰 불러 볼 수 있도록 반복적으로 들려준다.

■ Work Together

4명의 한 모둠에서 한 학생씩 번갈아가면서 유명 인물을 소개하는 장면

활동 이름	Introducing Person Game (인물 소개 놀이)
준비물	Person Picture, Glue, Scissors, Colorpen or Signpen(모둠별 인물과 관계있는 사진이나 그림, 풀, 가위, 색연필 혹은 사인펜)
활동 형태	Small Group/Whole Activity (모둠/전체 활동)
사용 언어	· Excuse me. Aren't you ...? · What a surprise! · Can you tell me about yourself?

T: Now, it's time to do 'Work Together.' Let's talk about ourselves as if we were famous people. I'm going to tell you how to do this activity.

·· 활동 방법 ··

① T: Make groups of four. I'll give each group out a big piece of paper. (4명이 한 모둠이 되고, 교사는 모둠별로 큰 종이를 1장씩 나누어 준다.)

② T: Make a introduction column with the materials and information you prepared as homework given to you last lesson. Don't write the person's name, tough. (모둠별로 지난 시간에 미리 정한 인물에 대해 준비해 온 자료와 정보를 가지고 교재의 예시를 참고하여 큰 종이에 인물 소개란을 꾸민다. 이때 인물의 이름은 빈칸으로 둔다.)

③ T: Group A, come to the board and put the introduction column on the board. The other groups guess who the person is and have a conversation with Group A. (한 모둠(A)씩 앞으로 나와 종이를 칠판에 붙이고, 다른 모둠의 학생들(B)은 해당 인물이 누구일지 추측하여 아래와 같이 대화한다.)

B 모둠: (추측하여) Excuse me. Aren't you Mr. Albert Einstein?
A 모둠: Yes, I am.
B 모둠: What a surprise! Can you tell me about yourself?
A 모둠: Sure. Why not?

---

④ T: Each member of Group A takes turn introducing himself/herself as if he/she were the person. (위 대화가 끝나면 A 모둠의 학생들은 1명씩 돌아가며 해당 인물이 되어 자신을 소개한다.)

A 모둠 전체: Welcome to science world!
S1: Hi, I'm Albert Einstein. I'm from Germany.
S2: My birthday is March 14. I have a sister.
S3: I'm a scientist. I love science.
S4: Visit my blog at Albert@Einstein.com.

---

⑤ 전체 모둠의 발표가 끝나면 인물 소개를 가장 잘 꾸미고 대화를 잘한 모둠을 뽑아 게시판에 게시한다.

유의점 교사는 이전 시간에 미리 모둠을 구성하여 모둠별로 유명한 사람을 1명씩 정하여 그 사람에 대해 알아보고 필요한 사진이나 자료를 가져오도록 안내한다.
ex. 이름, 생일, 출신지, 가족관계, 직업 등

➡ 정리

1. 배운 내용 정리

T: It's time to stop. Before we finish, let's review what we learned today. I have a famous person in mind. Ask me some questions using the expression "Aren't you ...?" to find out who I am.
S1: Aren't you a scientist?
T: Yes, I am.
S2: Aren't you from Germany?
T: Yes, I am.
S3: Aren't you a woman?
T: No, I'm not. I'm a man.
S4: Aren't you Mr. Albert Einstein?
T: Yes, I am.

2. 가정 학습 과제 안내

T: Here's your homework. Review what you learned with the CD-ROM.

3. 다음 시간 예고 및 수업 끝내기

T: You did a good job today. Next time, we're going to review Lesson 13. You'll need eight or ten photos of famous people in groups. So bring them to next class. Bye, everyone! See you next class.

수준별 활동 자료

수준	Beginners(보충)
활동 이름	Speed Mime Game (스피드 마임 놀이)
준비물	Six Famous Persons' Pictures (유명한 사람 6명의 사진, 초시계)
활동 형태	Small Group Activity(모둠 활동)
사용 언어	· Aren't you ...? · What a surprise!

활동 방법

① T: We have eight famous people here. (교사는 유명한 사람 8명의 사진을 준비한다.)

② T: Make groups of six. Group A, come to the front and stand in a line. The first student, turn around to face your group. (6명이 한 모둠이 되고, 한 모둠씩 앞으로 나와 한 줄로 선다. 이때 맨 앞의 학생(S1)은 뒤를 돌아 모둠을 향해 선다.)

③ T: I'll show you a picture. The second student looks at the picture and acts out the person in the picture. The first student guesses who he/she is and has a conversation. (교사가 S1의 뒤에 서서 모둠의 다음 학생(S2)들에게 사진을 1장씩 보여 주면, 다음 학생들은 사진 속 인물의 특징을 동작으로 표현하고, S1은 누구일지 추측하여 아래와 같이 대화한다.)

S2: (사진 속 인물을 동작으로 표현한다.)
S1: (누구일지 추측하여) Aren't you ...?

• 추측이 맞으면
S2: Yes, I am.
S1: What a surprise!

• 추측이 틀리면
S2: No, I'm not.
S1: I'm sorry.

④ T: After the conversation, the first student goes to the end of the line and the second student takes the role of the first student. (대화를 마치면 S1은 줄의 맨 뒤로 가고, S2가 S1의 역할을 하며 활동을 계속한다.)

⑤ T: The group that guesses the eight people within the shortest time or the group that guesses the most people within a limited time wins. (가장 짧은 시간 내에 8명을 모두 알아맞힌 모둠이나 제한 시간 동안 가장 많이 알아맞힌 모둠이 이긴다.)

TIP 유명한 사람의 사진이 없으면 종이에 이름을 써서 사용할 수도 있다.

6차시

- **학습 목표**
  - 다양한 활동을 하며 배운 내용을 정리할 수 있다.
  - 수준별 활동을 통해 배운 내용을 보충·심화할 수 있다.

- **수업 준비물**
  - 컴퓨터, CD-ROM, 눈가리개, 유명 인물의 사진, 연필, 상자

- **지도상의 유의점**
  - Go for It!은 학생 스스로가 자신의 성취 정도를 점검하는 것이므로 지나친 부담을 갖지 않도록 지도한다.
  - Go for It! 활동의 결과에 따라 학생 스스로 자신의 수준을 파악하여, 이어지는 수준별 활동(Catch Up! /Jump Up!) 선택의 근거로 삼을 수 있게 한다.

▶ 도입

1. 인사

T: Hello, everyone! How are you?
S: Fine, thank you. How about you?
T: Not so bad. What day is it today?
S: It's Friday.
T: Do you have any plans for this weekend?
S: Yes! (주말 계획을 말한다.)

2. 복습

T: Today is the last class of Lesson 0. We've practiced the expressions 'What a surprise!' and 'Aren't you ...?' Before we start today's lesson, let's review first. ('Work Together'에서 1등으로 뽑힌 모둠의 인물 소개(헬렌 켈러)를 보여 주며) This is the best introduction column that Group C made last class. Let's have a conversation using this column.
S: Group C, aren't you Helen Keller?
C 모둠: Yes, I am.
S: What a surprise! Can you tell me about yourself?
C 모둠: Sure. (1명씩 지난 시간에 발표했던 내용대로 말한다.)

3. 활동 안내

T: Today, we're going to review Lesson 0 by doing 'Go for It!' We're also going to do either 'Catch Up!' or 'Jump Up!' according to our level.

▶ 전개

■ Go for It!

활동 A | 듣기 평가

①김 선생님이 앤디의 숙제를 보고 잘했다고 놀라는 장면
②2명의 학생이 만두를 먹고 있는 장면
③토니의 여동생 에이미와 토니의 친구 동진이 운동장에서 만나는 장면

1. 대화를 듣고 알맞은 그림에 번호 쓰기

T: Open your book to page 0. Let's start with Activity A. Listen to the dialogues and write the numbers.

① A: Excuse me. Aren't you Tony's sister, Amy?
　B: Yes, I am.
　A: Hi, I'm Tony's friend Dongjin. Nice to meet you.
　B: Hello, Dongjin. Nice to meet you, too.
② A: Did you do your homework, Andy?
　B: Yes, Ms. Kim. Here.
　A: What a surprise! Good for you!
　B: Thanks.
③ A: It's twelve thirty. Aren't you hungry?
　B: Yes, I am. Let's eat something.
　A: How about some *mandu*?
　B: Sounds good to me!

2. 정답 확인

T: Let's check the answers together.

활동 B | 말하기 평가

짝과 함께 대화를 하면서 놀라는 표정을 하는 장면

활동 형태		전체
평가 기준	상	활동에 필요한 사용 언어를 자신감 있고 정확하게 구사할 수 있다.
	중	활동에 필요한 사용 언어를 말할 수는 있으나 정확성이 떨어지고 자신감이 부족하다.
	하	활동에 필요한 사용 언어를 말하지 못하고, 자신감도 부족하다.
사용 언어		• Aren't you ...? • What a surprise!

T: Let's move on to the speaking activity. There are three people you might like. Pretend your partner is the person in each picture and have a conversation with your partner. You can draw a person you like in the blank space and have a conversation about him/her in the same way.

S: (짝과 함께 그림 속 인물들로 사실을 확인하고 놀람을 표현하는 대화를 한다. 마지막에는 자신이 원하는 인물로 대화해 본다.)

• 예시 대화

S1: Excuse me. Aren't you <u>Kim Yeona/Park Taehwan/Mr. Ban Gimun</u>?
S2: Yes, I am.
S1: What a surprise! I'm <u>Kim Eunji</u>(자신의 이름). Nice to meet you.
S2: Nice to meet you, too.

활동 C | 읽기/쓰기 평가

**문장과 그림을 함께 제시
· She (   ) the piano.
· She didn't get any (   ).
· She (   ) at the piano contest.

1. 그림과 같도록 대화의 빈칸에 알맞은 말 쓰기

T: Let's read and write this time. Look at the picture and fill in the blanks with the right words.

2. 정답 확인

T: Are you done? Let's check the answers together.

TIP Go for It! 활동의 결과에 따라 학생 스스로 자신의 수준을 파악하여, 이어지는 수준별 활동(Catch Up! /Jump Up!) 선택의 근거로 삼을 수 있게 한다.

단원 종합 수준별 활동

■ **Catch Up!**

➔ 배운 내용 따라잡기

9명의 학생이 동그랗게 서 있고, 술래는 그 가운데에서 눈을 가리고 서 있음.

활동 이름	Hide and Seek Game (술래잡기 놀이)
준비물	Blindfold(눈가리개)
활동 형태	Whole Activity(전체 활동)
사용 언어	· Aren't you ...? · What a surprise!

T: It's time to 'Catch Up!' I'm going to tell you how to do this activity.

활동 방법

① T: I'll divide the class into two groups. Each group makes a circle and decides who a seeker will be. (학급을 2모둠으로 나누고, 모둠별로 동그랗게 서서 술래를 1명 정한다.)

② T: Put a blindfold onto the seeker's eyes. The seeker stands in center of a circle. The others quietly shift their position. (술래는 눈가리개를 하고 원의 가운데에 서고, 교사가 시작 신호를 하면 모둠의 나머지 학생들은 조용히 서로 위치를 바꾼다.)

③ T: The seeker catches one member and asks "Hi. Aren't you ...?" If the caught is the right person who the seeker guesses, say "Yes, I am. What a surprise!" and be a new seeker. (술래는 친구를 1명 붙잡은 후 누구일지 추측하여 "Hi, Aren't you ...?"라고 묻고, 붙잡힌 학생은 자신이 해당 인물이 맞으면 "Yes, I am. What a surprise!"라고 말하고 다음 술래가 된다.)

④ T: If the caught is not the right person, say "No, I'm not." Then, the seeker catches another member and guesses who he/she is. (붙잡힌 학생이 해당 인물이 아니면 "No, I'm not."이라고 말하고, 술래는 다른 학생을 붙잡아 추측하여 묻는다.)

⑤ T: Each seeker has two chances only to guess who the caught is. If he/she loses two chances, another student will be a new seeker. (각 술래에게는 2번까지만 맞힐 수 있는 기회를 주고 기회를 모두 놓치면 다른 친구가 술래가 된다.)

⑥ T: Any seeker(s) who can't guess the right person at all will get an exciting penalty the group decided in advance. (활동이 모두 끝난 후 한 번도 알아맞히지 못한 학생들은 모둠에서 정한 재미있는 벌칙을 받는다.)

유의점 큰 소리로 말하거나 뛰어다니지 않도록 지도한다.

■ Jump Up!
→ 배운 내용 뛰어넘기

가운데 상자를 두고 네 명의 학생이 둘러싸고 있는 그림

활동 이름	Twenty Questions Game (스무고개 놀이)
준비물	Famous Persons's Pictures, Pencil, Box(유명 인물의 사진, 연필, 상자)
활동 형태	Small Group Activity(모둠 활동)
사용 언어	· Aren't you ...? · What a surprise!

T: It's time to 'Jump Up!' I'm going to tell you how to do this activity.

──────── 활동 방법 ────────

① T: Make groups of four. In groups, put eight or ten photos of famous people into a box. (4명이 한 모둠이 되고, 모둠별로 유명 인물의 사진 8~10장 정도를 준비하여 상자에 넣는다.)

② T: Decide turns. The first student takes one photo out from the box and checks who he/she is. Don't let the others see it. (순서를 정하고 첫 번째 학생(S1)이 상자에서 사진을 1장 꺼내 누구인지 확인한다. 이때 모둠의 다른 학생들이 보지 못하도록 한다.)

③ T: The rest of the students in the group take turns asking the first student questions to guess who the photo is. The first student can answer "Yes." or "No." only. (나머지 학생들은 1명씩 돌아가며 S1에게 여러 가지 질문을 하며 사진 속 인물이 누구일지 추측하여 알아맞힌다. 이때 S1은 Yes. 혹은 No.로만 대답할 수 있다.)

S2: Are you tall?
S1: Yes.
S3: Can you play soccer well?
S1: Yes.
S4: Are you from Korea?
S1: Yes.
S2: Aren't you Park Jiseong?
S1: Yes, I am.
다 함께: What a surprise!

④ T: The student who guesses the right person takes another photo out from the box and keeps on the activity. (먼저 알아맞힌 사람이 상자에서 다른 사진을 꺼내 같은 방법으로 활동을 계속한다.)

⑤ T: Continue the activity until there's no photo left in the box. The one who guesses the right person most will be the winner. (사진이 모두 없어질 때까지 활동을 계속하고, 가장 많이 알아맞힌 사람이 이긴다.)

유의점 사진은 모둠별로 이전 시간에 미리 준비해 오도록 안내한다.

➡ 정리

1. 배운 내용 정리

T: Time's up. Before we finish today's class, let's review. I met Jang Miran yesterday.

S: What a surprise!

T: Who has a surprising experience? Can you tell us about it?

S: (놀랄 만한 경험을 한 사람은 그 내용을 말한다.)

T: All right. (한 학생에게 다가가서) Excuse me. Aren't you Sora?

S1: (자신이 맞으면) Yes, I am. (자신이 아니면) No, I'm not. I'm Nari.

2. 가정 학습 과제 안내

T: Here's your homework. Review what you learned with the CD-ROM.

3. 다음 시간 예고 및 수업 끝내기

T: Did you have fun in this lesson? You did a good job today. Next time, we're going to study a new lesson. In the next lesson, we'll learn some useful expressions such as 'What's the matter?' and 'That's too bad.' Good-bye everyone!

That's too bad

📝 단원 설정의 취지

일상생활에서 상대방에게 안 좋은 일이 생겼을 때 무슨 일인지 묻거나 동정을 표현해야 하는 경우가 있다. 이 단원에서는 무슨 일인지 묻거나 동정을 표현하는 말을 익혀 상황에 맞게 사용할 수 있도록 하였다.

📝 단원 목표

듣기	• 무슨 일인지 묻고 답하는 말을 듣고 이해할 수 있다. • 동정을 표현하는 말을 듣고 이해할 수 있다.
말하기	• 무슨 일인지 묻고 답하는 말을 할 수 있다. • 동정을 표현하는 말을 할 수 있다.
읽기	• 동네 병원의 모습을 묘사한 짧고 쉬운 글을 읽고 내용을 이해할 수 있다. • 영어의 발음, 강세, 리듬, 억양에 맞게 소리 내어 읽을 수 있다.
쓰기	• 낱말이나 어구를 넣어 문장을 완성할 수 있다. • 예시문을 참고하여 아픈 것에 대해 묻고 답하는 말과 동정을 표현하는 말을 쓸 수 있다.
의사소통 기능	• 아픈 것에 대해 묻고 답하기 What's the matter? — I have a cold/runny nose/cough .... • 동정 표현하기 That's too bad.
어휘	matter, feel, runny, nose, cough, rest, stomachache, hurt, lie, clinic

📝 단원 지도 계획

차시	쪽수	지도 범위	학습 활동
1	00~00	• Go! Go! • Look and Listen • Listen and Check	• 그림을 이용한 간단한 흥미 유발 활동하기 • 애니메이션을 보며 상황 중심의 대화 듣기 • 단원의 주요 의사소통 기능에 대한 듣기 확인 활동하기

		• Listen and Speak • Play and Talk	• 동영상을 보며 대화 듣고 따라 말하기 • '동작 추측하기 놀이'를 하며 의사소통 기능 연습하기
2	00~00	• Think and Talk • Say It Right • Let's Role-play	• 애니메이션을 보며 상황에 맞게 말하기 • 영어의 다양한 소리 익히기 • '피노키오' 역할놀이 하기
3	00~00	• Let's Read • Reading Activity	• 쉽고 간단한 글을 읽고 의미 이해하기 • 다양한 활동을 통해 배운 문장 읽기
4	00~00	• Writing Activity • Culture to Culture	• 다양한 활동을 통해 배운 낱말이나 문장 쓰기 • 미국에서의 병원 이용에 대해 알아보기
5	00	• Go! Go! Sing • Work Together	• 신나게 노래 부르며 배운 내용 익히기 • '만화로 이야기하기 놀이'를 하며 대화하기
6	00~00	• Go for It! • Catch Up! / Jump Up!	• 다양한 활동을 통해 단원의 학습 내용 정리하기 • 수준별(보충/심화) 활동하기

평가 도구

'동작 추측하기 놀이', '만화로 이야기하기 놀이' 등 다양한 활동을 하면서 무슨 일인지 묻거나 동정을 표현하는 말을 익히도록 하고, 활동이 끝난 후 자기 평가와 학습자 간 상호 평가 등의 수행 평가를 통해 학생 스스로 결과를 확인할 수 있게 한다. 특히 'Go for It!'에서는 단원에서 배운 내용을 통합적으로 평가하여 그 결과를 바탕으로 학생들이 자신의 수준에 맞는 수준별 활동(Catch Up! / Jump Up!)을 선택하게 한다.

1차시

■ **학습 목표**
- 무슨 일인지 묻고 답하는 말과 동정을 표현하는 말을 듣고 이해할 수 있다.
- 무슨 일인지 묻고 답하는 말과 동정을 표현하는 말을 할 수 있다.
- '동작 추측하기 놀이'를 하며 배운 표현을 자신 있게 말할 수 있다.

■ **수업 준비물**
- 컴퓨터, CD-ROM, 그림 카드

■ **지도상의 유의점**
- 'Listen and Speak'에서는 CD-ROM의 '주요 표현 연습' 버튼을 클릭하여 단원의 주요 의사소통 기능만 듣고 따라 말해 보게 할 수 있다.
- 'Play and Talk'에서는 CD-ROM의 stick figure 애니메이션을 통해 활동 방법을 확인하고 예시 대화를 들을 수 있다.
- 가정 학습 과제 안내 시 CD-ROM에 수록된 차시별 문제를 풀어 보도록 안내한다.

▶ 도입

1. 인사

T: Good morning, everyone. How are you doing?
S: I'm doing very well. Pretty good.
T: Can you ask me how I'm doing?
S: How are you doing, teacher?
T: I'm feeling good, too.
T: What day is it today?
S: It's Friday.
T: What's the date today?
S: It's November eleventh.
T: Look at the window. How's the weather today?
S: It's sunny.

2. 지난 단원 복습

T: Do you remember what you learned last time(or in the last class)? Before we start today's lesson, let's review first. Choose one famous person in mind. I'll ask you a question. (한 학생에게 다가가) Excuse me. Aren't you ...?
S1: (교사의 추측이 맞으면) Yes, I am.
T: What a surprise! Hi, I'm .... (악수를 청하며) Nice to meet you.
S1: Nice to meet you, too.

T: OK. Does anyone have surprising news?
S: (놀랄 만한 경험이나 소식을 이야기한다.)

3. 단원 안내

T: Today, we're going to start a new lesson. In this lesson, we'll learn what to say or how to respond when we know an unpleasant thing has happened to someone we know.

4. Go! Go! 활동하며 학습 동기 유발

T: Open your book to page 0. Look at the people in the picture. Do they look okay?
S: No, they don't. They seem to be sick.
T: Right. Can you tell me what's wrong with them?
S: (그림을 보며 각 인물의 증상을 말해 본다.)
T: (화면 속 각 인물을 가리키며) He has a runny nose. He has a cough. She has a stomachache.
T: Now, let's listen to the song and get ready to start today's lesson.

(➔ 가사 ...쪽)

TIP CD-ROM의 각 인물을 클릭하면 아픈 증상을 나타내는 말을 들을 수 있다.

- 콧물 나는 아이
  I have a runny nose.
- 기침하는 아이
  I have a cough.
- 배 아픈 아이
  I have a stomachache.

➡ 전개

■ Look and Listen

버넷 선생님(여)과 학생들이 학교를 청소하고 있는데 유나가 기침을 하고 있고, 선생님이 유나를 걱정스럽게 바라보는 장면

1. 그림 보며 내용 추측

T: Let's start with 'Look and Listen.' Look at the picture on page 0. Who do you see?
S: Ms. Barnett and Yuna.
T: Right. Can you tell me about the picture?
S: (그림을 보고 내용을 추측하여 말한다.)

2. 애니메이션을 통해 대화 듣기

T: Ms. Barnett and her students are cleaning around the school. Yuna doesn't seem to be fine. Let's listen to the dialogue and find out what's the matter with Yuna.

(애나 버넷 선생님과 학생들이 학교 주변을 청소하고 있다. 우진이와 케이티는 쓰레기를 줍고 있고, 유나와 제임스는 잡초를 뽑고 있다. 유나가 기침을 계속하자 선생님이 걱정스러운 표정으로 유나에게 다가간다.)

선생님: Are you OK, Yuna? What's the matter?
유나: (감기에 걸려 맹맹한 콧소리를 내며) I don't feel well. I have a runny nose and a cough.
선생님: Oh, you have a cold.
유나: I think so.
선생님: That's too bad. You should go back to the classroom and rest.
유나: Thanks, Ms. **Barnett**.

(유나가 교실로 들어가는 것을 보고 마침 하기 싫어하던 우진이가 뭔가를 생각하더니 배를 잡고 아픈 척한다.)

우진: (배를 잡고 선생님에게 가서) Ms. **Barnett**, I have a stomachache. Can I get some rest?

선생님: Really? Sure.

(우진이는 나무 아래 의자로 가서 앉는다. 잠시 후, 청소를 마치고 아이들이 손을 씻고 있는데 선생님이 간식을 준비해 온다.)

선생님: (아이들에게) Let's have some snacks.
아이들: (모두 좋아하며) Wow, great!

(선생님이 자기 쪽으로 오자 우진이는 아픈 척을 한다. 선생님은 우진이 옆에 쟁반을 내려놓고 우유와 주스를 컵에 따른다.)

선생님: (아이들에게) Go ahead. Help yourself.
아이들: (간식을 집어 들며) Thanks, Ms. **Barnett**.

(친구들이 맛있게 먹자 우진이도 입맛을 다시며 하나 집으려고 하는 순간 선생님이 말한다.)

선생님: (안됐다는 듯한 표정으로) How's your stomachache, Ujin? I'm sorry you can't eat any snacks.
우진: (당황하여 다시 배를 잡고 아픈 척하며) Yes, it still hurts.

(우진이는 꾀병을 부린 것에 대해 후회한다.)

3. 대화 내용에 관한 간단한 질문과 대답

T: What's the matter with Yuna?
S: She has a cold.
T: Right. Does she have a runny nose?
S: Yes, she does.
T: Does she have a cough?
S: Yes, she does.
T: How about Ujin? Is he really sick?
S: No.
T: Why does he pretend to have a stomachache?
S: Because he doesn't like to clean.
T: Does he feel sorry for what he did later?
S: Yes, he does.

4. 내용을 생각하며 대화 다시 듣기

T: Let's listen to the dialogue again thinking about the situation.

■ **Listen and Check**

① 한 남학생이 배가 아픈 장면
② 한 여학생이 기침하는 장면
③ 한 남학생이 코를 흘리는 장면

1. 활동 방법 안내

T: Look at the picture. There are three people who are sick. Listen to the dialogues, find the person with the same symptom and write the number in the box.

S: (대화를 듣고 같은 증상을 가진 사람에게 번호를 쓴다.)

① A: How are you today?
   B: Not so good.
   A: What's the matter?
   B: I have a stomachache.
   A: Oh, that's too bad.
② A: I don't feel well.
   B: What's the matter?
   A: I have a runny nose.
   B: That's too bad.
③ A: (cough!)

B: Do you have a cold?
A: Yes, I have a bad cough.
B: That's too bad. You should get some rest.

2. 정답 확인

T: Let's look at the screen and check the answers together.

■ Listen and Speak

① 현우가 거실에서 스케이트를 닦고 있는 장면
② 현우가 샐리와 통화하면서 실망하는 장면
③ 농구공을 든 현우가 골목에서 샐리의 강아지 spot을 발견하고 행복해하는 장면

1. 그림 보며 내용 추측

T: Let's move on to 'Listen and Speak.' Turn to page 0. Look at the picture and guess what it is about.
S: (그림을 보고 내용을 추측하여 말한다.)

2. 동영상을 통해 대화 듣기

T: Hyeonu and Sally are talking on the phone. They both look worried. Let's listen to the dialogue and find out what happened to Sally.

(일요일 오후, 샐리와 스케이트를 타러 가기로 약속한 현우가 거실에서 스케이트를 닦고 있는데 전화벨이 울린다.)

현우: (수화기를 들고) Hello?
샐리: (어두운 표정으로) Hello? This is Sally. May I speak to Hyeonu, please?
현우: (반가워하며) Hi, Sally. It's Hyeonu. Are you ready to go skating?
샐리: Sorry, Hyeonu. I can't go skating with you today.
현우: What's the matter?
샐리: (강아지 Spot을 생각하며) You know my puppy Spot, right?
현우: Sure. He's so cute. What about him?
샐리: I lost him in the park this morning.
현우: Oh, no! That's too bad.
샐리: Yeah. My family and I are trying to find him.
현우: Sure. Call me later, OK?
샐리: OK. Bye.

(실망한 현우가 농구를 하려고 집을 나서는데 골목에서 샐리의 강아지와 똑같이 생긴 강아지를 발견한다.)

현우: (강아지에게 다가가 강아지를 들어 올리며) Aren't you Spot?

(강아지의 목걸이를 확인한다. 목걸이에는 강아지와 샐리의 이름, 그리고 전화번호가 적혀 있다.)

현우: (목걸이를 확인한 후) Good to see you Spot!

(강아지를 품에 안고 행복한 표정을 짓는다.)

3. 대화 내용에 관한 간단한 질문과 대답

T: What are Hyeonu and Sally supposed to do today?
S: They're supposed to go skating together.
T: Right. What's the matter with Sally?
S: She lost her puppy in the park this morning.
T: What's her puppy's name?
S: He's name is Spot.
T: Who finds Spot?
S: Hyeonu does.

4. 내용 생각하며 대화 다시 듣고 따라 말하기

T: We'll listen to the dialogue again. This time, listen and repeat what you hear.

■ **Play and Talk**

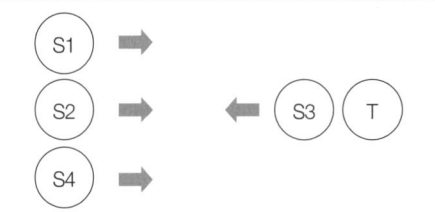

*위의 그림 설명
S1과 S2가 S3에게 안부를 묻는 장면과 Teacher가 S4에게 그림 카드 1장을 보여주면 S4가 동작으로 표현하고 S3가 추측하여 대답하는 장면

☑ 놀이의 규칙을 잘 알고 실천했나요?
놀이에 필요한 영어 표현을 모두 말할 수 있나요?

활동 이름	Guessing Motion Game (동작 추측하기 놀이)
준비물	Picture card(Appendix) (그림 카드(부록))
활동 형태	Small Group/Whole Activity (모둠/전체 활동)
사용 언어	· What's the matter? · I have a cold/runny nose …. (아픈 증상) · I'm so tired/late for school. · I lost my bike. · My mom is sick. · My computer isn't working. · That's too bad.

1. 활동 방법 안내

T: Now, it's time to have some fun. I'm going to tell you how to do this activity.

활동 방법

① T: Make groups of four and each member takes a role. Two members(S1, S2) ask, one member(S3) answers, and the last member(S4) acts out a picture. (4명이 한 모둠이 되어 2명(S1, S2)은 질문, 1명(S3)은 대답, 나머지 1명(S4)은 그림 카드를 보고 동작으로 표현하는 역할을 각각 맡는다.)

② T: One group comes to the front and stands in a row, facing me except S3. I'll stand right behind S3 with some picture cards. (첫 번째 모둠이 앞으로 나와 대답을 할 학생(S3)을 제외하고 나머지 3명(S1, S2, S4)은 S3와 교사를 마주 보고 선다. 즉 S3 혼자 교사를 등지고 선다.)

③ T: With my starting sign, S1, S2 and S3 have a conversation. When S1 and S2 ask S3 "What's the matter?" I'll show them a picture card. (교사의 시작 신호에 맞추어 S1, S2, S3는 안부를 묻는 대화를 나누고 S1과 S2가 S3에게 "What's the matter?"라고 물으면 교사는 그림 카드를 1장 보여 준다.)

④ T: S4 acts out the picture. S3 guesses what it is and answers according to the picture. (S4가 그림 카드의 내용을 동작으로 표현하면 S3는 추측하여 대답한다.)

S1, S2: (S3에게) How are you?
S3: Not so good.
S1, S2: What's the matter?
T: (그림 카드를 1장 보여 준다.)
S4: (그림 카드의 내용을 동작으로 표현한다.)
S3: (추측하여) I have a runny nose.
S1, S2: (추측이 맞으면) That's too bad.

⑤ T: If they have a conversation properly according to the picture, they'll get a point and go on with the next card. If not, they won't get a point. (S3가 제대로 추측하여 대화를 잘하면 점수를 얻고 다음 카드로 대화를 계속한다. 제대로 대화를 하지 못하면 점수를 얻지 못한다.)

⑥ T: Every time they're done with one card, they change roles. (한 번의 대화가 끝날 때마다 역할을 서로 바꾼다.)

⑦ T: When one group uses up all the cards, the next group comes to the front and continues the activity in the same way. (한 모둠에서 그림 카드를 모두 사용하면 다음 모둠에서 나와 같은 방법으로 활동을 계속한다.)

⑧ T: The group with the most points wins. (전체 모둠의 활동이 끝난 후, 점수를 가장 많이 얻은 모둠이 이긴다.)

2. 스스로 평가하기

T: Well done, everyone! Now, answer the questions in the book and check yourself how well you did.

▶ 정리

1. 배운 내용 정리

T: That's all for today. Before we finish, let's review what we learned. I'll show you some picture cards. Let's have a conversation according to the pictures. (콧물 나는 그림 카드를 보여 주며) What's the matter?
S: I have a runny nose.
T: That's too bad. (피곤한 그림 카드를 보여 주며) Let's play soccer.
S: Sorry, I can't.
T: What's the matter?
S: I'm so tired.
T: That's too bad.

2. 가정 학습 과제 안내

T: Here's your homework. Review what you learned with the CD-ROM.

3. 다음 시간 예고 및 수업 끝내기

T: You did a good job today. Next time, we're going to practice the expressions we learned today by watching some funny animations and doing a role-play.

수준별 활동 자료

수준	Beginners(보충)
활동 이름	Touching Card with Hand or Foot Game(손발로 카드 짚기 놀이)
준비물	Picture Card(그림 카드(부록))
활동 형태	Whole Activity(전체 활동)
사용 언어	· What's the matter? · That's too bad.

활동 방법

① T: Make groups of four and each group chooses a group leader. (4명이 한 모둠이 되어 대표를 정한다.)

② T: I'll spread out the picture cards on the floor. (교사는 확대 복사한 그림 카드를 바닥에 흩뜨려놓는다.)

③ T: The first group comes to the front. (순서를 정하고, 첫 번째 모둠(A)이 앞으로 나온다.)

④ T: I'll ask "What's the matter?" and then show a picture card to the members except the leader. The three members answer my question according to the picture. At this time, the leader closes his/her eyes not to see the picture. (교사가 "What's the matter?"라고 말하고 그림 카드를 1장 보여 주면, 대표를 제외한 나머지 3명은 카드의 내용에 맞게 대답한다. 이 때 대표는 카드를 볼 수 없도록 눈을 감는다.)

⑤ T: The leader opens his/her eyes and touches the right card with his/her hand or foot saying "That's too bad." (대표는 눈을 뜨고 "That's too bad."라고 말하면서 바닥의 그림 카드 중 해당하는 그림을 손이나 발로 짚는다.)

⑥ T: Each group goes on the activity until the leader touches four cards. (대표가 4장의 카드를 손이나 발로 짚을 때까지 계속한다.)

⑦ T: The group whose leader touches the right four cards and doesn't fall wins. (끝까지 넘어지지 않고 4장의 카드를 정확히 짚은 학생이 속한 모둠이 이긴다.)

2차시

- **학습 목표**
  - 애니메이션을 보며 상황에 맞게 말하고 짝과 대화할 수 있다.
  - 영어의 강세와 억양에 맞게 낱말과 문장을 읽을 수 있다.
  - '피노키오' 역할놀이를 통해 배운 표현을 익힐 수 있다.

- **수업 준비물**
  - 컴퓨터, CD-ROM, 역할놀이 자료

- **지도상의 유의점**
  - 'Think and Talk'에서는 그림이 제한적일 경우, 애니메이션을 보며 대화 상황을 파악하여 무슨 말을 할지 생각해 보게 할 수 있다.
  - 'Let's Role-play'에서는 상상력과 창의력을 높이기 위해 학생들이 그림을 보며 자유롭게 역할놀이를 먼저 해 보게 한 다음, 마지막 정리 단계에서 애니메이션 감상을 할 수도 있다.

➡ 도입

1. 인사

T: Good afternoon, everyone!
S: Good afternoon, Ms./Mr. ....
T: How's it going?
S: I'm great, thanks. How about you?
T: Fine, thanks. Did you enjoy your lunch?
S: Yes, it was so delicious.
T: Good. I enjoyed my lunch, too.

2. 복습

T: Do you remember the expressions you learned last time?
S: Yes.
T: Great! Before we start, let's review first. I'll say a sentence showing you a picture. If what I say is true to the picture, say "That's too bad." If not, say nothing. Can you do that?
S: Sure.
T: (자전거를 잃어버린 그림 카드를 보여 주며) I'm so sad. I lost my bike.
S: That's too bad.
T: (컴퓨터가 고장 난 그림 카드를 보여 주며) I have a cold. I have a cough.
S: (말하지 않는다.)

3. 활동 안내

T: Today, we're going to watch some animations

and have a conversation with our partners. Also, we're going to role-play scenes from '피노키오.' All right. Let's go!

▶ 전개

■ Think and Talk

상황 ❶

[그림 장면 ❶]
욕심꾸러기 곰이 벌통을 혼자 차지하고 앉아 먹고 있다. 옆에서 여우가 좀 달라고 애원한다.)

[그림 장면 ❷]
(혼자 마구 먹더니 곰이 갑자기 배가 아프다고 데굴데굴 구르자 여우가 고소하며 묻는다.)

1. 그림 보며 여우가 무슨 말을 할지 생각해 보기

T: Let's start with 'Think and Talk.' Open your book to page 0. Look at the pictures of Situation 1. Can you guess what's happening?

S: (그림을 보며 상황을 추측하여 말한다.)

T: The bear is eating honey and it doesn't want to share honey with the fox. All of a sudden, the bear starts to scream in pain. Think about what the fox would say in that situation.

2. 애니메이션을 보며 동물 캐릭터를 대신해 말해 보기

T: Let's watch the animation. Say the expression when the speech bubble appears on the screen.

[그림 장면 ❶]
(욕심꾸러기 곰이 벌통을 혼자 차지하고 앉아 먹고 있다. 옆에서 여우가 좀 달라고 애원한다.)

여우: Can I have some?
곰: (화를 내며) No way!

[그림 장면 ❷]
(혼자 마구 먹더니 곰이 갑자기 배가 아프다고 데굴데굴 구르자 여우가 고소하며 묻는다.)

곰: (갑자기 배를 잡고 구르며) Ah~~~~
여우: What's the matter?
곰: I have a stomachache.
여우: (웃음이 나는 것을 손으로 입을 막고 겨우 참으며) That's too bad.

3. 애니메이션을 다시 보며 자신이 말한 표현이 맞는지 확인하기

T: What did you say instead of the fox? Let's watch the animation again and see if you're right.

4. 짝과 함께 대화해 보기

T: Did you say the right expression? Now, have a conversation with your partner.

상황 ❷

[그림 장면 ❶]
(개미 1과 개미 2가 우울한 표정으로 하교하며 대화하고 있다.)

[그림 장면 ❷]
(개미 2가 개미 1에게 도와달라고 한다.)

1. 그림 보며 개미 1이 무슨 말을 할지 생각해 보기

T: Look at the pictures of Situation 2. Can you guess what's happening?
S: (그림을 보며 상황을 추측하여 말한다.)
T: There are two ants, ant 1 and ant 2. The ant 2 says that it didn't pass the math test. Think about what the ant 1 would say in that situation.

2. 애니메이션을 보며 동물 캐릭터를 대신해 말해 보기

T: Let's watch the animation. When the speech bubble comes out, say the expression instead of the ant 1.

[그림 장면 ❶]
(개미 1과 개미 2가 우울한 표정으로 하교하며 대화하고 있다.)

개미 1: Did you pass the math test?
개미 2: (빵점짜리 수학 시험지를 보여 주며) No. I didn't pass the test.
개미 1: Oh, that's too bad.

[그림 장면 ❷]
(개미 2가 개미 1에게 도와달라고 한다.)

개미 2: Can you help me with my math?
개미 1: (자신의 5점짜리 시험지를 보여 주며) Sorry, I can't.

3. 애니메이션을 다시 보며 자신이 말한 표현이 맞는지 확인하기

T: What did you say instead of the ant 1? Let's watch the animation again and see if you're right.

4. 짝과 함께 대화해 보기

T: Have a conversation with your partner, thinking about the situation.

■ **Say It Right**

① [r] 조음 음성학 발음 (구강구조와 혀 그림)

② [l] 조음 음성학 발음 (구강구조와 혀 그림)

ex. A: What's the matter?
　　B: I have a stomachache.
　　A: That's too bad.

A. 발음

1. 발음에 주의하여 문장 듣기

T: It's time to focus on English pronunciation. Let's watch the screen and see how each word is pronounced.

□ 발음 지도

• [r] vs [l]
[r]은 입술을 앞으로 둥글게 내밀고, 혀를 입천장 쪽으로 활처럼 구부려 성대를 울려 발음하고, [l]은 입을 약간 벌리고, 혀의 끝 부분을 윗니 뒷부분의 잇몸에 대고 성대를 울려 발음한다.
ex. rice — lice, fry — fly, rake — lake

2. 발음에 주의하여 따라 말하기

T: Now, listen and repeat. Try to say the words correctly.

B. 문장 강세

1. 문장 강세에 주의하여 문장 듣기

T: This time, let's listen to the sentences, paying special attention to the stress in the sentence.

□ 강세 지도

• 문장 강세
낱말에도 강세가 있는 것처럼 문장에도 강하게 발음하는 곳이 있는데 이를 문장 강세라고 한다. 예를 들어 What's the matter?에서는 matter에 강세를 주어 읽어야 한다.

2. 문장 강세에 주의하여 문장 따라 말하기

T: Now, listen and repeat. Try to say the sentences naturally.

유의점 원어민의 입 모양에 가깝게 발음할 수 있도록 지도하고, 정확한 발음을 위해 충분히 연습시킨다.

■ Let's Role-play

피노키오 그림 장면 1~6

[그림 장면 ❶]
(피노키오가 장난을 치다가 금붕어 어항을 깬다. 할아버지가 놀라 달려오자 피노키오는 모른 척 딴청을 부린다.)

[그림 장면 ❷]
(다음 날 코가 길어진 피노키오가 학교에서 돌아와 나가 놀아도 되는지 묻는다. 할아버지가 숙제를 하라고 하자 숙제가 없다고 거짓말을 한다.)

[그림 장면 ❸]
(다음 날 코가 더 길어진 피노키오가 학교에 가기 싫어 침대에 누운 채 불쌍한 표정을 지으며 꾀병을 부린다.)

[그림 장면 ❹]
(피노키오가 잠이 들었다가 깨어 보니 할아버지가 피노키오를 간호하느라 피곤해서 잠들어 있다. 이때 요정이 나타난다.)

[그림 장면 ❺] (할아버지가 깨어나 자신을 걱정하자 피노키오는 반성하며 눈물을 흘린다.)

[그림 장면 ❻]
(요정이 요술 봉을 휘두르자 피노키오의 코가 원래대로 작아지더니 나무 인형에서 인간의 모습으로 변한다.)

☑ 놀이의 규칙을 잘 알고 실천했나요?
놀이에 필요한 영어 표현을 모두 말할 수 있나요?

1. 모둠별로 그림 보며 전체 이야기와 각 장면에 대해 추측하여 이야기 꾸미기

T: It's time for Role-play. Make groups of three. Look at the pictures. What story is it? Do you know about this story?

S: ('피노키오' 이야기에 대해 말한다.)
T: Look at each picture and talk about what's happening with your group members.

2. 애니메이션 감상

T: OK, let's watch the animation and compare it with your story.

[피노키오]

[그림 장면 ❶]
(피노키오가 장난을 치다가 금붕어 어항을 깬다. 할아버지가 놀라 달려오자 피노키오는 모른 척 딴청을 부린다.)

할아버지: Who did this?
피노키오: I don't know. I didn't do it.

[그림 장면 ❷]
(다음 날 코가 길어진 피노키오가 학교에서 돌아와 나가 놀아도 되는지 묻는다. 할아버지가 숙제를 하라고 하자 숙제가 없다고 거짓말을 한다.)

피노키오: Can I go out and play?
할아버지: You should do your homework first.
피노키오: I **don't have any** homework today.

[그림 장면 ❸]
(다음 날 코가 더 길어진 피노키오가 학교에 가기 싫어 침대에 누운 채 불쌍한 표정을 지으며 꾀병을 부린다.)

피노키오: I can't go to school today.
할아버지: (걱정하며) What's the matter?
피노키오: I'm sick. I have a bad cold. (기침을 억지로 한다.)
할아버지: That's too bad. You should get some rest.

[그림 장면 ❹]
(피노키오가 잠이 들었다가 깨어 보니 할아버지가 피노키오를 간호하느라 피곤해서 잠들어 있다. 이때 요정이 나타난다.)

요정: Look at your nose. It grew too long.
피노키오: (놀라서 코를 만져 보며) Oh, no! What should I do?
요정: You should stop lying.

[그림 장면 ❺] (할아버지가 깨어나 자신을 걱정하자 피노키오는 반성하며 눈물을 흘린다.)

할아버지: (걱정스러운 표정으로) Are you OK, Pinocchio?
피노키오: (눈물을 흘리며) I'm sorry. I won't lie any more.

[그림 장면 ❻]
(요정이 요술 봉을 휘두르자 피노키오의 코가 원래대로 작아지더니 나무 인형에서 인간의 모습으로 변한다.)

피노키오, 할아버지: (요정에게) Thank you.
요정: Be a good boy, Pinocchio.
피노키오: Yes, I will.

TIP 심화 수준의 학생들의 경우 애니메이션 감상을 하기 전에 먼저 그림을 보며 역할놀이를 창의적으로 구성하게 할 수도 있다.

3. 내용에 관한 간단한 질문과 대답

T: Who broke the fish bowl?
S: Pinocchio did.
T: In the second scene, what does Pinocchio lie about?
S: He says that he doesn't have any homework today.

T: In the third scene, does he really have a bad cold?
S: No, he doesn't. He lies again.
T: What happens to his nose?
S: It grows longer and longer whenever he lies.
T: What should he do?
S: He should stop lying.
T: Will he be a good boy?
S: Yes, he will.

4. 애니메이션 다시 보며 따라 말하기

T: Let's watch the animation again. This time listen and repeat what you hear.

유의점 각 인물의 대사가 끝날 때마다 CD-ROM의 '일시 정지' 버튼을 눌러 따라 말하게 한다. 학생들이 자신 있게 말할 수 있도록 여러 번 들려준다.

5. 모둠별로 역할을 정하여 역할놀이 하기

T: Take a role and do the role-play with your group.

6. 반 전체에게 발표하기

T: You can present your role-play to the rest of the class. Which group wants to role-play, first?

TIP 가장 잘한 모둠을 투표로 선정하여 적절한 보상을 한다.

7. 스스로 평가하기

T: Well done, everyone! Now, answer the questions in the book and check yourself how well you did.

▶ 정리

1. 배운 내용 정리

T: Time's up. Before we finish today's class, let's role-play together. I'll divide the class into two groups. Group A, take the role of Pinocchio. Group B, take the role of Mr. Geppetto And I'll take the role of the fairy.

TIP CD-ROM의 '조용히' 기능을 이용하여 소리는 나지 않게 한 후, 화면만 보며 맡은 역할을 말해 본다.

2. 가정 학습 과제 안내

T: Here's your homework. Review what you learned with the CD-ROM.

3. 다음 시간 예고 및 수업 끝내기

T: You did a good job today. Next time, we're going to read about people in Dr. Lee's Clinic and do some interesting reading activities. Bye, everyone! See you next time.

수준별 활동 자료

수준	Advanced(심화)
활동 이름	Spin Board Game(원판 돌리기 놀이)
준비물	Spin Board Material, Small Picture Card, Clip, Pencil, Glue (원판 자료(CD-ROM '자료실'), 축소 복사한 그림 카드(부록), 클립, 연필, 풀)
활동 형태	Pair-works(짝 활동)
사용 언어	· What's the matter? · I have a cold/runny nose .... (아픈

	증상)
	· I'm so tired/late for school.
	· I lost my bike.
	· My mom is sick.
	· My computer isn't working.
	· That's too bad.

------- 활동 방법 -------

① T: Work in pairs. I'll give each pair out an empty spin board, a set of small picture cards and a paper clip. (교사는 짝별로 빈 원판 자료 1장, 축소 복사한 그림 카드 8장, 클립 1개를 나누어 준다.)

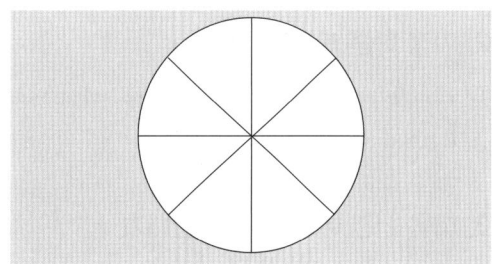

② T: Put a picture card on each empty space. (짝끼리 의논하여 각 빈 공간에 그림 카드를 붙인다.)

③ T: Do rock-paper- scissors. The winner puts the paper clip in the middle of the circle, fixes it with pencil lead and flicks it. (가위 바위보를 하여 이긴 사람(S1)이 먼저 클립의 한쪽 끝을 원판 그림의 중심에 놓고 연필로 중심을 고정시킨 후, 다른 쪽 끝을 손가락으로 팅긴다.)

④ T: When the paper clip stops spinning, the loser starts a conversation by asking "How are you?" and the winner answers according to the picture where the clip stops. (클립이 멈추면 진 사람(S2)이 안부를 묻고, 이긴 사람(S1)은 클립의 끝부분이 향하는 곳의 그림을 이용해 아래와 같이 대화한다.)

S2: How are you? / How's it going?
S1: Not (so) good.
S2: What's the matter?
S1: (원판의 그림에 맞게) I have a cold/runny nose .... / I lost my bike. / My computer isn't working. ...
S2: That's too bad.

⑤ T: If the winner answers correctly, he/she will get a point. (이긴 사람이 알맞게 대답하면 점수를 얻는다.)

⑥ T: The loser continues in the same way. The one with more points wins. (짝끼리 번갈아 가며 같은 방식으로 놀이를 하고, 점수를 더 많이 얻은 사람이 이긴다.)

3차시

- **학습 목표**
  - 동네 병원의 모습을 묘사한 짧고 쉬운 글을 읽고 이해할 수 있다.
  - 다양한 활동을 하며 무슨 일인지 묻거나 동정을 표현하는 말을 읽을 수 있다.

- **수업 준비물**
  - 컴퓨터, CD-ROM, 문장 카드, 그림 카드, 자석이나 스카치테이프

- **지도상의 유의점**
  - 'Let's Read'에서는 하단의 Help에 제시된 우리말 설명을 참고하여 학생 스스로 글의 내용을 추측해 보게 한다.
  - 학생들이 활동을 하는 동안 교사는 교실을 돌아다니며 도와준다.

▶ 도입

1. 인사

T: Good morning, everyone!
S: Good morning, Mr./Ms. ….
T: How are you feeling today?
S: I'm feeling good. How about you?
T: Great, thanks. What day is it today?
S: It's Wednesday.

2. 복습

T: All right. Before we start today's lesson, let's review first. Girls, you start the conversation by asking "How's it going?" Boys, look at me and answer according to my action. Shall we begin?

G: How's it going?
B: Not so good.
G: What's the matter?
T: (배가 아픈 동작을 한다.)
B: I have a stomachache.
G: That's too bad.
T: Great! Now, boys and girls switch roles.
B: How's it going?
G: Not so good.
B: What's the matter?
T: (콧물 닦는 동작을 한다.)
G: I have a runny nose.
B: That's too bad.

3. 활동 안내

T: Today, we're going to read about people in Dr. Lee's Clinic and do some interesting reading activities. Let's get started.

■▶ 전개

■ Let's Read

①Dr.lee의 병원 장면
②미라가 감기에 걸려 콧물이 나옴
③김씨 아저씨도 감기에 걸려 기침을 심하게 함
④세준이는 배가 아픔

Help have a cold 감기에 걸리다
have a runny nose 콧물이 흐르다
have a bad cough 심한 기침을 하다
have a stomachache 배가 아프다

1. 그림 보며 내용 추측

T: Open your book to page 0. Look at the picture and think what it is about.

2. 글의 내용 이해

T: Look at the picture and the text. Can you guess what the text is about?
S: (그림을 보며 글의 내용을 추측하여 말한다.)

□ 읽기 지도

<Dr. Lee's Clinic>

This is Dr. Lee's Clinic.
Mira has a cold.
She has a runny nose.
Mr. Kim has a cold, too.
He has a bad cough.
Sejun has a stmachache.
He ate too much last night.

Mira: I'm sick. What should I do?
Dr. Lee: Get some rest. and drink a lot of water.

TIP 글의 내용에 대해 생각할 때 하단의 Help에 제시된 낱말이나 어구의 우리말 설명을 참고하도록 한다.

3. 글 듣고 따라 읽기

T: Let's listen to the text, thinking what the text is about.
S: (글의 내용에 대해 생각하며 듣는다.)
T: OK. Now, let's listen and repeat sentence by sentence, thinking what each sentence means.
S: (각 문장의 의미를 생각하며 한 문장씩 듣고 따라 읽는다.)

4. 다 함께 큰 소리로 글 전체 읽어 보기

T: Let's read the text together.
S: (느낌을 살려 다 함께 큰 소리로 읽는다.)

TIP 모둠별, 성별 등 다양하게 역할을 나누어 읽어 보게 한다.

■ Reading Activity

활동 A

*그림과 문장 연결하기
· 미라가 감기에 걸려 콧물이 나옴
· 김씨 아저씨도 감기에 걸려 기침을 심하게 함
· 세준이는 배가 아픔

· Sejun has a stomachache.
· Mr. Kim has a bad cough.
· Mira has a runny nose.

1. 글을 다시 읽고 그림의 각 증상으로 알맞은 문장 연결하기

T: Turn to page 0. Look at Activity A. There are three people who are sick. Read the text again on page 0 and match each picture with the right sentence.

유의점 어려워하는 학생들은 Let's Read의 글을 보면서 답을 찾아보게 한다.

2. 정답 확인

T: Let's look at the screen and check the answers together.

활동 B

① 소년이 병원을 방문
② 의사 선생님이 진찰을 하고 있음

소년: I have a cold.
의사: That's too bad.
소년: What should I do?
의사: _____
　　① Get some rest.
　　② Play soccer.

1. 대화를 읽고 소년이 할 말로 알맞지 않은 것 골라 ✔ 표 하기

T: Let's move on to Activity B. There's a short dialogue. Read the dialogue and choose the inappropriate sentence for the blank.

2. 정답 확인

T: Let's check the answers together.

활동 C activity

칠판에 문장카드 5장이 붙어 있음.

준비물	Five Sentences Cards, Five Pictures Cards, Magnet or Scotch Tape (문장 카드 5장(CD-ROM '자료실'), 그림 카드 5장(CD-ROM '자료실'), 자석이나 스카치테이프)
활동 형태	Small Group/Whole Activity (모둠/전체 활동)

T: Now, let's do an interesting reading activity. Let me show you how to do this activity.

활동 방법

① T: I'll divide the class into two groups and put some sentence cards on the board. (교사는 학급을 2모둠으로 나누고, 문장 카드 1세트를 칠판에 붙여 놓는다.)

- 문장 카드
  - I have a cold. I have a runny nose.
  - I have a cold, too. I have a bad cough.
  - I have a stomachache. I ate too much last night.
  - Dr. Lee, what should I do?
  - Go home and get some rest.

② T: Each group comes to the front and stands in a line. (학생들은 앞으로 나와 모둠별로 앞뒤로 한 줄씩 교사와 마주 보고 선다.)

③ T: I'll show a picture card to the first student of each group, and he/she goes to the board, touches the right sentence card and reads the sentence. (교사가 맨 앞 학생들에게 그림 카드를 1장 보여 주면, 맨 앞 학생들은 재빨리 칠판으로 가 그림의 내용에 맞는 문장 카드를 골라 짚으며 큰 소리로 읽는다. 이때 다른 학생들이 알려주지 않도록 주의한다.)

ex.
- 미라가 콧물 흘리는 그림
  — I have a cold. I have a runny nose.
- 김 씨 아저씨가 기침하는 그림
  — I have a cold, too. I have a bad cough.

④ T: The student who reads the sentence faster goes to his/her seat. The student who doesn't goes to the end of the line. (먼저 카드를 골라 읽은 학생은 자리로 돌아가 앉고, 그렇지 못한 학생은 줄의 맨 뒤로 가서 선다.)

⑤ T: The group whose line is shorter wins. (줄이 더 빨리 없어지는 모둠이 이긴다.)

유의점 문장 카드를 찾으러 나갈 때 뛰거나 떠들지 않도록 주의한다.

➡ 정리

1. 배운 내용 정리

T: It's time to finish. Before we finish, I'll ask you some questions about the text we read today. If you know the answer, raise your hand. OK?
S: Yes.
T: Who has a cold?
S1: Mira and Mr. Kim.
T: What are the symptoms?
S2: Mira has a runny nose.
S3: Mr. Kim has a bad cough.
T: Right. What's the matter with Sejun?
S4: He has a stomachache. He ate too much last night.
T: What's Dr. Lee's advice for Mira?
S: He advised her to get some rest and drink a lot of water.

2. 가정 학습 과제 안내

T: Here's your homework. Review what you learned with the CD-ROM.

3. 다음 시간 예고 및 수업 끝내기

T: You did a good job today. Next time, we're going to do some interesting writing activities. Bye, everyone! See you next time.

수준별 활동 자료

수준	Beginners(보충)
활동 이름	Relay Reading Game (릴레이 받아 읽기)
준비물	Sentence Card (문장 카드(CD-ROM '자료실'))
활동 형태	Whole/Small Group Activity (전체/모둠 활동)
사용 언어	Sentences students learned in 'Let's Read'('Let's Read'에서 배운 문장)

활동 방법

① T: I'll divide the class into four groups. The first group comes to the front and stands in a line. (교사는 학급을 4모둠으로 나누고, 첫 번째 모둠이 앞으로 나와 앞뒤로 한 줄로 선다.)

② T: I'll give the first sentence card to the first student. He/She reads the sentence out loud and passes it over the next student. (교사가 맨 앞의 학생에게 첫 번째 문장 카드를 주면 S1은 문장을 소리 내어 읽고 뒷사람에게 카드를 넘긴다.)

③ T: When the last student reads the first sentence, I'll give the second sentence card to the first student. (마지막 학생이 문장을 읽으면, 교사는 두 번째 문장 카드를 첫 번째 학생에게 주고 같은 방법으로 문장을 읽어 나간다.)

④ T: Only if all the members read one sentence correctly, the group will get a point. (모둠의 모든 학생이 문장 한 개를 잘 읽을 때마다 1점씩 얻는다.)

⑤ T: When one group finishes with five cards, the next group comes to the front and continues the activity in the same way. (한 모둠이 문장 카드 5장을 모두 읽으면, 다음 모둠이 앞으로 나와 같은 방법으로 활동을 계속한다.)

⑥ T: The group with the most points wins. (점수를 가장 많이 얻은 모둠이 이긴다.)

4차시

- **학습 목표**
  - 다양한 활동을 하며 배운 낱말이나 문장을 쓸 수 있다.
  - 다른 나라의 문화에 대해 알아보고 우리 문화와의 차이를 이해할 수 있다.

- **수업 준비물**
  - 컴퓨터, CD-ROM, 주사위, A4 종이, 풀, 연필, 공책, 쪽지 여러 장

- **지도상의 유의점**
  - 문화 지도는 학생들이 문화의 차이에 대해 인식하는 것에 초점을 맞추되, 어느 문화가 더 낫거나 못하다는 인식을 가지지 않도록 주의하여 지도한다.

▶ 도입

1. 인사

T: Good morning, everyone! How are you?
S: I'm feeling good. How about you?
T: Great! How's the weather outside?
S: It's cloudy.
T: What day is it today?
S: It's Thursday.

2. 복습

T: All right. Before we start today's lesson, let's review first. Can you read the text in 'Let's Read'?
S: Yes.
T: Great! Let's read it out loud, thinking about what each sentence means.
S: (각 문장의 의미를 생각하며 'Let's Read'의 글을 큰 소리로 읽는다.)
T: Good job! Now, I'll say some sentences in random. Find the sentence and underline it.
S: (교사가 말하는 문장을 글에서 찾아 밑줄을 친다.)

3. 활동 안내

T: Today, we're going to do some interesting writing activities. We'll write some words and short sentences. Are you ready to start? OK. Let's get started!

➡ 전개

■ Writing Activity

활동 A

97쪽 Reading Activitiy 활동 A 그림과 문장

1. 그림 보며 문장의 의미 추측

T: Open your book to page 0. Let's start 'Writing Activity.' Look at Activity A. Look at the pictures and think about what each sentence is about.

2. 문장 따라 쓰기

T: Do you know what each sentence means? Now, copy the sentences in the blanks. Be careful about capitalization and punctuation.

3. 문장 듣고 따라 읽기

T: Let's listen to the sentences and repeat them.

활동 B

- 감기 걸린 장면
- 코흘리는 장면
- 배 아픈 장면

- I have a cold
- I have a runny nose.
- I have a stomachache.

1. 그림 속 각 인물의 증상에 맞게 문장 고쳐 쓰기

T: Let's move on to Activity B. Do you see the people at the clinic and the sentences connected to them? Correct the sentences according to the people's symptoms.

2. 정답 확인

T: Are you finished? Is it difficult? Let's look at the screen and check the answers together.

활동 C activity

우유갑으로 만든 주사위를 가운데 두고, 6명이 둘러싸고 있는 장면

준비물	Dice Made of Milk Box, A4 Paper, Glue, Pencil, Notebook, Several Pieces of Note (우유갑으로 만든 주사위, A4 종이, 풀, 연필, 공책, 쪽지 여러 장)
활동 형태	Small Group Activity(모둠 활동)

T: Turn to page 0. Let's play dice game together. I'm going to show you how to play this game.

.... 활동 방법 ....

① T: Make groups of six. I'll give each group a dice made of milk box. (6명이 한 모둠이 되고, 교사는 우유갑으로 만든 주사위를 모둠별로 1개씩 나누어 준다.)

② T: Here are some words and phrases on the board you'll use. Write each word and phrase on a small piece of paper and glue the paper on each side of the dice in groups. (교사는 칠판에 학생들이 사용할 어구를 쓰고, 모둠별로 교사가 쓴 어구를 쪽지에 하나씩 쓴 후, 주사위의 각 면에 붙인다.)

ex. matter, too bad, bad cold, runny nose, cough, stomachache

③ T: Throw the dice and make a sentence using the word or phrase on the dice. Then, write the sentence in your notebook by turns. (한 사람(S1)씩 주사위를 던져 나온 어구를 이용하여 자신의 공책에 문장을 만들어 쓴다.)

④ T: If you have the same word or phrase as your group member already used, throw the dice again. (앞사람이 이미 사용한 어구가 나오면 새로운 어구가 나올 때까지 주사위를 다시 던진다.)

④ T: Write a dialogue on a new piece of paper using the sentences all the members wrote in groups. (6명이 모두 문장을 쓰면, 별도의 A4 종이에 아래와 같이 자연스러운 대화문을 완성하여 쓴다. 이때 종이를 돌려가며 1명씩 문장을 쓰도록 하고 B~E는 순서에 상관없이 쓰도록 한다.)

A: What's the matter?
B: I have a bad cold.
C: I have a runny nose.
D: I have a cough.
E: I have a stomachache.
F: That's too bad.

⑤ T: Bring the dialogue to me so that I can check the dialogue. (대화문을 완성한 모둠은 교사에게 종이를 가져와 확인을 받는다.)

■ **Culture to Culture**

우리나라와 미국 병원 그림

T: Let's move on to 'Culture to Culture.' We're going to learn some cultures of other countries.

❑ **Culture Teaching(문화 지도)**

• 미국에서의 병원 이용
① T: Have you ever seen a doctor when you were sick? Can you tell us about your experience? (각자 병원에서 치료를 받았던 경험이 있는지 말해 본다.)
② T: Do you know about how to see a doctor in other countries? (다른 나라의 병원 이용에 대해 아는 것을 말해 본다.)
③ T: Let's read the text on page 0. (교재의 글을 읽어 본다.)
④ T: What are the differences between Korea and the U.S. in terms of seeing a doctor. (우리나라와 미국의 병원 이용의 차이점에 대해 말해 본다.)
⑤ T: Let's visit the website for more information about seeing a doctor in the U.S. (아래 사이트에 접속하여 미국에서의 병원 이용에 대해 좀 더 알아본다.)

• 참고 사이트
http://www.vitals.com/
https://www.zocdoc.com/
http://www.healthgrades.com/
http://www.healthcarereviews.com/
☞ 미국의 병원 이용에 대해 정보를 알려주는 사이트

➡ 정리

1. 배운 내용 정리

T: That's all for today. Let's review what we learned today. (Writing Activity C.에서 한 모둠이 만든 주사위를 보여 주며) This is the dice Group C made. I'll throw the dice and you make a sentence using the word or phrase on the dice in your notebook. (주사위를 던진 후 해당 어구를 보여 주며) Now, I have 'stomachache.'

S: (공책에 stomachache를 이용한 문장을 만들어 쓴다.)

T: (주사위를 여러 번 던져 학생들이 문장을 써 보게 한 후, 칠판에 정답을 쓴다.) Now, let's check the answers together.

2. 가정 학습 과제 안내

T: Here's your homework. Review what you learned with the CD-ROM.

3. 다음 시간 예고 및 수업 끝내기

T: You did a good job today. Next time, we're going to learn a new song and do an interesting activity.

수준별 활동 자료

수준	Advanced(심화)
활동 이름	Writing and Making Tail Game (쓰면서 꼬리 만들기 놀이)
준비물	Paper, Pencil(종이, 연필)
활동 형태	Individual/Whole Activity (개별/전체 활동)
사용 언어	Words and Sentences Students learned in This Lesson(이 단원에서 배운 낱말과 문장)

활동 방법

① T: Choose a picture card and write about it on a piece of paper. (각자 종이에 그림 카드의 내용 중 한 가지를 골라 문장으로 쓴다.)

② T: Walk around the classroom with the paper and have a conversation with a classmate. (교사가 시작 신호를 하면 종이를 들고 교실을 돌아다니며 친구를 만나 아래와 같이 대화한다.)

S1: Hi. How are you?
S2: Not good.
S1: What's the matter?
S2: (종이를 보여 주며) I was late for school this morning again.
S1: That's too bad.

③ T: Take turns. If you have the same situation, do rock-paper-scissors and the loser becomes the tail of the winner. If not, say good-bye to each other. (역할을 바꾸어 대화하고, 서로 같은 내용을 가졌으면 가위바위보를 하여 진 사람이 이긴 사람의 뒤로 간다. 서로 다른 내용을 가졌으면 헤어져 다른 친구를 만난다.)

④ T: Meet another classmate and continue the activity in the same way. (같은 내용을 가진 학생들은 다른 친구들을 만나 같은 방법으로 활동을 계속한다.)

⑤ T: Time's up. Come to the board and write your sentence. (제한 시간이 지난 후, 모두 칠판으로 와 각자 자신의 문장을 쓴다. 이때 인원이 많을 경우에는 한꺼번에 모두 쓰지 말고 적당히 인원을 나누어 한 모둠씩 쓰도록 한다.)

⑥ T: The students who have the longest tail and write the sentence correctly wins. (가장 꼬리가 길고 문장을 정확히 쓴 학생들이 이긴다.)

TIP 각자 쓴 문장이 다르더라도 상황이 같으면 같은 내용을 가진 것으로 인정한다.

5차시

- **학습 목표**
  - 신나게 노래 부르며 배운 내용 익힐 수 있다.
  - '만화로 이야기하기 놀이'를 하며 친구들과 대화하고 발표할 수 있다.

- **수업 준비물**
  - 컴퓨터, CD-ROM, 큰 도화지, 색연필 혹은 사인펜

- **지도상의 유의점**
  - Go! Go! Sing에서는 CD-ROM의 다양한 기능을 활용하여 반복적으로 노래를 익히고 부를 수 있게 하며, 노래에 익숙해지면 간단한 율동도 함께 해 보게 한다.

▶ 도입

1. 인사

T: Good morning, Class.
S: Good morning, Mr./Ms. ....
T: How's it going?
S: Great, thanks. How about you?
T: I'm fine. Is everyone here?
S: Yes.

2. 복습

T: All right. Before we start today's lesson, let's review first. Pretend you have a cold and have a conversation with me. (한 학생을 지목하여) S1, how are you?
S1: Not so good.
T: What's the matter?
S1: I have a cold. I have a runny nose and a cough.
T: Oh, that's too bad. (전체 학생들에게) Everyone, can you write S1's symptoms in your notebook?
S: (S1의 증상을 공책에 쓴다.)
T: Check the answers with your partner and correct errors, if any.
S: (짝끼리 서로 문장을 확인하고 틀린 곳이 있으면 고쳐 준다.)

3. 활동 안내

T: Today, we're going to learn a new song and do 'Work Together.' Are you ready? Here we go!

➡ 전개

■ Go! Go! Sing

- 배 아픈 장면
- 코 흘리는 장면

1. 노래 듣기

T: It's time to sing. Open your book to page 0. Let's listen to the song first.

<That's too bad>

How are you, how are you today?
Not so, not so good.
What's the, what's the matter?
I have a, I have a stomachache.
Oh, oh, that's too bad.

I don't, I don't feel well.
What's the, what's the matter?
I have a, I have a runny nose.
That's too, that's too bad.

2. 다시 듣고 한 소절씩 따라 부르기

T: Let's sing part by part.

TIP CD-ROM의 '소절별 듣기 기능'을 통해 한 소절씩 따라 부르게 한다. 학생들이 자연스럽게 따라 할 수 있도록 충분히 연습시킨다.

3. 반주에 맞춰 다 함께 노래 부르기

T: Let's sing all together.

TIP CD-ROM의 '반주 기능'을 통해 반주에 맞춰 불러 볼 수 있도록 반복적으로 들려준다.

■ Work Together

학생들이 아프거나 안 좋았던 경험을 만화로 만드는 그림

활동 이름	Comic Srtips and Role play (만화로 이야기하기 놀이)
준비물	Big Paper, Colorpen or Signpen (큰 도화지, 색연필 혹은 사인펜)
활동 형태	Small Group/Whole Activity (모둠/전체 활동)
사용 언어	· What's the matter? · I have a cold/runny nose .... 　(아픈 증상) · I'm so tired/late for school. · I lost my .... · My mom/dad is sick. · My computer isn't working. · That's too bad.

T: Now, it's time to have some fun. Let's make six-frame comic strips with your own experience. I'm going to tell you how to do this activity.

──────── 활동 방법 ────────

① T: Make groups of six. I'll give each group out a big piece of drawing paper. (6명이 한 모둠이 되고, 교사는 모둠별로 큰 도화지를 1장씩 나누어 준다.)

② T: Write 'What's the Matter?' on the top of the paper and 'That's Too Bad!' at the bottom of the paper. Divide the empty space in the middle into six comic strip

③ T: Have a conversation about your own experience by turns. (한 사람씩 돌아가며 아래와 같이 대화하여 자신이 아팠거나 좋지 않은 일을 겪은 경험을 이야기한다.)

frames. (모둠별로 도화지의 맨 위에는 'What's the Matter?', 맨 아래에는 'That's Too Bad!'라고 쓰고, 나머지 공간은 6등분하여 만화처럼 만든다.)

> S: What's the matter?
> S1: It's raining. But I **don't have an** umbrella.
> S: That's too bad.

④ T: Choose one story. Draw cartoons and write sentences to make six-frame comic strips in groups. (경험 중 하나를 정하고, 그 경험을 바탕으로 만화를 꾸며 각 칸에 그림을 그리고 내용을 문장으로 쓴다.)

⑤ T: Group A, come to the front, put your comic strips on the board and show us your role-play. (만화가 모두 완성되면 한 모둠(A)씩 앞으로 나와 만화를 칠판에 붙이고 상황에 맞게 역할놀이를 한다.)

⑥ T: I'll put the best cartoon on the notice in the classroom and put the role-play on class homepage. (만화를 가장 잘 만들고 역할놀이를 잘한 모둠을 선정하여 만화는 게시판에 게시하고 역할놀이 하는 장면을 동영상으로 찍어 학급 홈페이지에 올린다.)

TIP 실제 경험대로 꾸미는 것이 어려우면 이야기를 바탕으로 허구로 재미있게 꾸미도록 한다.

➡ 정리

1. 배운 내용 정리

T: Time's up. Let's go over what we learned before we finish today's class. (교과서의 예시 만화를 보며) Let's role-play using the cartoons in the textbook. I'll be the mom, and you'll be the son and the frog. Are you ready?
S: Yes.
T: I'll go first. 'Take an umbrella with you.'
S: It's not raining.
T: It's going to rain this afternoon.
S: No, it's going to be fine.
S: Oh, no! I don't have an umbrella.
S: (개구리) That's too bad.

TIP 실제로 'Work Together'에서 1등으로 뽑힌 모둠의 만화를 보여 주며 위와 같이 대화하도록 한다.

2. 가정 학습 과제 안내

T: Here's your homework. Review what you learned with the CD-ROM.

3. 다음 시간 예고 및 수업 끝내기

T: You did a good job today. Next time, we're going to review Lesson 14. Bye, everyone! See you next time.

수준별 활동 자료

수준	Advanced(심화)
활동 이름	Marathon Survival Game (마라톤 서바이벌 놀이)
준비물	Baton(배턴)
활동 형태	Small Group Activity(모둠 활동)
사용 언어	· What's the matter? · I have a cold/runny nose .... 　(아픈 증상) · I'm so tired/late for school. · I lost my bike. · My mom is sick. · My computer isn't working. · That's too bad.

활동 방법

① T: Make groups of six. I'll give each group a baton. (6명이 한 모둠이 되고, 교사는 모둠별로 배턴을 하나씩 나누어 준다.)

② T: Decide turns. The first student has a conversation with the group members holding the baton with his/her hand. (시작할 사람(S1)을 정하고, S1은 배턴을 손에 들고 아래와 같이 모둠의 학생들과 대화한다.)

> S: What's the matter?
> S1: I lost my new bag.
> S: That's too bad.

③ T: After the conversation, the first student passes the baton to another member. (대화를 끝내면 S1은 모둠의 다른 학생에게 배턴을 건넨다.)

④ T: The member who gets the baton repeats the conversation adding one more to what the first student said. (배턴을 받은 사람(S2)은 위 대화를 반복한다. 이때 S2는 S1이 한 말에 문장을 덧붙여 말한다.)

> S: What's the matter?
> S2: I lost my new bag. <u>And I have a cold.</u>
> S: That's too bad.

④ T: The member who can't remember what the previous person said or can't add a sentence will be out. The one who survives wins. (앞사람이 한 말을 제대로 기억하지 못하거나 문장을 덧붙이지 못하는 사람은 탈락하고, 최후까지 남아 있는 사람이 이긴다.)

6차시

- **학습 목표**
  - 다양한 활동을 하며 배운 낱말이나 문장을 쓸 수 있다.
  - 다른 나라의 문화에 대해 알아보고 우리 문화와의 차이를 이해할 수 있다.

- **수업 준비물**
  - 컴퓨터, CD-ROM, 그림 카드, 표정 카드, 플라스틱 큰 컵, 문장 카드, '꽝' 카드

- **지도상의 유의점**
  - Go for It!은 학생 스스로가 자신의 성취 정도를 점검하는 것이므로 지나친 부담을 갖지 않도록 지도한다.
  - 문화 지도는 학생들이 문화의 차이에 대해 인식하는 것에 초점을 맞추되, 어느 문화가 더 낫고, 못하다는 인식을 가지지 않도록 주의하여 지도한다.

➡ 도입

1. 인사

T: Good afternoon, everyone!
S: Good afternoon, Ms./Mr. ....
T: Did you enjoy your lunch?
S: Yes.
T: It's very cold today, isn't it?
S: Yes, it is.
T: Do you like winter?
S: Yes, I do. I can go skating in winter. / No, I don't. It's too cold in winter.

2. 복습

T: Today is the last class of this lesson. Let's review before we start. Do you remember the song we learned last time?
S: Yes.
T: All right. Let's sing the song together!
S: (다 함께 노래를 부른다.)
T: (슬픈 표정을 지으며) I'm so sad.
S: What's the matter?
T: My cat is very sick.
S: Oh, that's too bad.
T: (배를 잡고 아픈 표정을 지으며) I have a stomachache.
S: That's too bad.

3. 활동 안내

T: Today, we're going to review Lesson 0 by doing some activities. Also, we're going to do the activity that fits into our own English level. Here we go!

➡ 전개

■ Go for It!

활동 A | 듣기 평가

① ___(학생 이름)가 배 아픈 장면
② ___(학생 이름) 감기 걸린 장면
③ ___(학생 이름)가 ___(학생 이름)와 박물관 가는 장면

(앞에 그림이 있으므로 그것으로 대체)

1. 대화를 듣고 제임스와 함께 박물관에 갈 수 있는 사람에게 O 표 하기

T: Open your book to page 0. Let's start with Activity A. Look at the pictures. There are Katie, Ujin and Yuna. Listen carefully to the dialogue. Choose the person who can go to the museum with James and mark O.

제임스: Ujin, let's go to the museum.
우진: Sorry, James. I don't feel well.
제임스: What's the matter?
우진: I have a stomachache.
제임스: Oh, that's too bad. How about you, Yuna?
유나: Sorry, I can't. I have a cold.
제임스: (실망하며) OK.
케이티: Don't be sad, James. I'm going with you.
제임스: Really? Thanks, Katie.

2. 정답 확인

T: Let's check the answers together.

활동 B | 말하기 평가

짝과 대화하는 장면, 2명 중 1명은 동정하는 표정을 지음

활동 형태		전체
평가 기준	상	활동에 필요한 사용 언어를 자신감 있고 정확하게 구사할 수 있다.
	중	활동에 필요한 사용 언어를 말할 수는 있으나 정확성이 떨어지고 자신감이 부족하다.
	하	활동에 필요한 사용 언어를 말하지 못하고, 자신감도 부족하다.
사용 언어		· What's the matter? · That's too bad.

T: Let's move on to the speaking activity. Look at the pictures. The person in each picture seems to have a problem. Have a conversation with your partner according to the pictures.

S: (그림을 보며 짝과 함께 무슨 일인지 묻는 말과 동정을 표현하는 말을 해 본다.)

• 예시 대화

S1: How are you?
S2: Not so good.
S1: What's the matter?
S2: I have a cold/runny nose/cough. / I'm late for school/class. / I lost my house keys.
S1: That's too bad.

활동 C | 읽기/쓰기 평가

- Sejun has a _____.
- Mr. Kim has a ____ _____.
- Mira has a ____ _____.

1. 그림과 같도록 대화의 빈칸에 알맞은 말 쓰기

T: Look at Activity C. It's for reading and writing. Fill in the blanks with the right words according to the pictures.

2. 정답 확인

T: Are you done? Let's check the answers together.

TIP Go for It! 활동의 결과에 따라 학생 스스로 자신의 수준을 파악하여, 이어지는 수준별 활동(Catch Up! /Jump Up!) 선택의 근거로 삼을 수 있게 한다.

단원 종합 수준별 활동

■ **Catch Up!**

➜ 배운 내용 따라잡기

한 모둠에 4명씩, 두 모둠이 가운데에 각각 그림카드 8장과 표정카드 8장을 두고 둘러서 앉아 있음.

활동 이름	Facial Exprssion Game(표정으로 말해요 놀이)
준비물	Picture Card(Appendix), Facial Expression Card(Appendix) (그림 카드(부록), 표정 카드(부록))
활동 형태	Small Group Activity(모둠 활동)
사용 언어	· What's the matter? · I have a cold/runny nose .... (아픈 증상) · I'm so tired/late for school. · I lost my bike. · My mom is sick. · My computer isn't working. · That's too bad.

T: It's time to 'Catch Up!' Let's do an easy activity and practice the expressions we've learned. Let me show you how to do this activity.

활동 방법

① T: Make groups of four. Each group needs a set of picture cards and eight facial expression cards. (4명이 한 모둠이 되어 그림 카드는 1세트(8장)만 준비하고, 표정 카드는 모두(8장) 모아 준비한다.)

② T: Put the picture cards face down on one side and the facial expression cards face down on the other side of the desk. (모둠별로 그림 카드와 표정 카드를 각각 책상 반대쪽에 그림이 보이지 않도록 엎어 놓는다.)

③ T: Decide turns. The first student suggests doing something together to the group members and the other members choose one picture card and one facial expression card. (시작할 사람(S1)을 정하고, S1이 제안하는 말을 하면 나머지 3명은 각자 그림 카드와 표정 카드를 각각 1장씩 고른다.)

④ T: If they choose a frowning face, they say "Sorry, I can't." and say the reason according to their picture card. If they choose a happy face, they don't get a chance to talk. (1명(S2)씩 돌아가며 자신이 고른 카드를 보고 찡그린 표정 카드이면 "Sorry, I can't."라고 말하고, 그림 카드의 내용에 맞게 거절하는 말을 하고, 웃는 표정 카드이면 말할 기회를 얻지 못한다.)

> S1: Let's go skating this afternoon.
> S2: (찡그린 표정 카드인 경우) Sorry, I can't.
> S1: What's the matter?
> S2: (그림 카드 내용에 맞게) I'm so tired.
> S1: That's too bad.

⑤ T: The one who responds according to both cards properly gets a point. (카드의 내용에 맞게 대화한 사람은 점수를 얻는다.)

⑥ T: The next student makes a suggestion and continues the activity in the same way. (다음 사람이 제안하는 말을 하며 같은 방법으로 활동을 계속한다.)

⑦ T: The one with the most points wins. (활동이 모두 끝난 후 점수를 가장 많이 얻은 사람이 이긴다.)

■ Jump Up!
→ 배운 내용 뛰어넘기

2명의 학생이 플라스틱 컵 1개에 접힌 8개의 카드를 뽑으면서 대화하는 장면

활동 이름	Picking-cards Game(제비뽑기 놀이)
준비물	Plastic cup, Sentence Card, 'Bang' Card (플라스틱 큰 컵, 문장 카드(CD-ROM '자료실'), '꽝' 카드(CD-ROM '자료실'))
활동 형태	Pair-works(짝 활동)
사용 언어	· What's the matter? · That's too bad.

T: It's time to 'Jump Up!' Let's play a game and practice the expressions we learned in this lesson. This might be a little bit challenging. I'm going to tell you how to play this game.

.... 활동 방법 ....

① T: Work in pairs. I'll give a plastic cup, five sentence cards and three 'BANG!' cards to each pair. (교사는 짝별로 플라스틱 컵 1개, 빈칸이 있는 문장 카드 5장, '꽝' 카드 3장을 나누어 준다.)

• 문장 카드
- I have a _____. I have a runny _____.
- I _____ a cold. I have a _____.
- I don't feel well. I have a _____.
- I lost my _____.
- I was late for _____.

② T: Fold the cards twice or three times lengthwise. Put them in the cup and mix them well. (짝끼리 카드의 종이를 길이로 2~3번 접어 컵에 넣고 잘 섞는다.)

③ T: Each pair has a conversation. When one student asks "What's the matter?", the other student picks one card out of the cup and answers filling in the blanks with the right words. (1명(S1)씩 돌아가며 짝(S2)에게 안부를 묻고, S1이 "What's the matter?"라고 물으면 S2는 컵에서 종이를 1장 골라 빈칸을 채워 아래와 같이 대화한다.)

S1: How are you?
S2: Not so good.
S1: What's the matter?
S2: (컵에서 종이를 1장 골라 빈칸을 완성하여) I have a cold. I have a runny nose.
S1: That's too bad.

④ T: If the other student picks a 'BANG!' card, he/she will lose the chance. (만약 '꽝' 카드가 나오면 기회를 잃는다.)

⑤ T: The one who fills in the blanks with the right words gets a point. Take turns and continue the activity in the same way. (S2가 문장을 채워 바르게 대답하면 점수를 얻고, 역할을 바꾸어 같은 방법으로 활동을 계속한다.)

⑥ T: The one with more points wins. (활동이 모두 끝난 후 점수가 더 많은 사람이 이긴다.)

▶ 정리

1. 배운 내용 정리

T: All right. That's all for today. Before we finish, let's review. Take out your picture cards and put them on your desk. When I say "One, Two, Three!", let's pick a card and raise it up at the same time. Only the students with the same card as mine can have a conversation with me.
S: (그림 카드를 책상 위에 올려놓는다.)
T: One, Two, Three!
S: (교사와 함께 동시에 카드를 1장 골라 높이 든다. 교사와 같은 카드를 가진 학생만 교사와 대화할 수 있다.)
T: What's the matter?
S: (컴퓨터가 고장 난 그림의 카드인 경우) My computer isn't working. / My computer broke again.

2. 가정 학습 과제 안내

T: Here's your homework. Review what you learned with the CD-ROM.

3. 다음 단원 예고 및 수업 끝내기

T: You did a good job today. Next time, we're going to learn Lesson 0, which is the last lesson of this book. In this lesson, we'll talk about what we want to be in the future and why. Time really flies! Bye, everyone. See you next time.

초등영어 교육과정

1. 성격

영어는 현재 국제적으로 가장 널리 통용되고 있는 언어로서 서로 다른 언어적 배경을 가진 사람들 간의 주요한 의사소통 수단이다. 따라서 글로벌 시대 및 지식 정보화 시대라는 변화에 부응하고 더 나아가 국제 사회에서 선도적인 역할을 수행하기 위하여 영어를 이해하고 표현하는 능력은 반드시 갖추어야 할 역량이 되었다.

이에 학교 영어 교육은 영어 의사소통능력을 갖추고 세계인과 소통하며, 그들의 문화를 알고 우리 문화를 세계로 확장시켜 나갈 사람을 길러야 한다. 이를 위해 학습자가 영어에 대한 흥미와 관심을 갖고 이를 바탕으로 자기 주도적인 영어 학습을 지속할 수 있도록 이끄는 교육이 되어야 한다. 더불어 타인에 대한 배려와 관용, 대인 관계 능력은 2015 개정 교육과정이 추구하고 있는 주요 역량으로 학교 영어 교육을 통해 해당 역량을 함양할 수 있도록 해야 한다.

그러나 우리나라는 일상생활에서 영어를 사용하지 않는(EFL) 상황이기 때문에 학교 밖 영어 사용 기회가 매우 제한적이다. 이를 보완하기 위하여 영어 사용 기회를 충분히 제공할 수 있는 학교 영어 교육을 실현해야 한다. 따라서 학교 영어 교육에서는 학습자에게 가능한 한 영어 사용 기회를 충분히 제공할 수 있는 교수·학습 방법을 계획·실천하고 다양한 멀티미디어 자료와 정보 통신 기술(ICT) 등을 수업에서 활용하며 교수·학습 활동과 평가를 유기적으로 연계하여 학습의 효율성을 극대화해야 한다.

위에서 제시한 학교 영어 교과의 성격에 기반을 둔 영어과 핵심역량은 '영어 의사소통 역량', '자기관리 역량', '공동체 역량', '지식정보처리 역량'으로 보다 구체화 할 수 있다. 첫째, '영어 의사소통 역량'은 일상생활 및 다양한 상황에서 영어로 의사소통 할 수 있는 역량이며, 영어 이해 능력과 영어 표현 능력을 포함한다. 둘째, '자기관리 역량'은 영어에 대한 흥미와 관심을 바탕으로 학습자가 자기 주도적으로 영어 학습을 지속할 수 있는 역량이며 영어에 대한 흥미, 영어 학습 동기, 영어 능력에 대한 자신감 유지, 학습전략, 자기 관리 및 평가를 포함한다. 셋째, '공동체 역량'은 지역·국가·세계 공동체의 구성원으로서의 가치와 태도를 공유하여 공동체의 삶에 관심을 갖고 공동체가 당면하고 있는 문제를 해결하는 데 참여할 수 있는 능력이며 배려와 관용, 대인 관계 능력, 문화 정체성, 언어 및 문화적 다양성에 대한 이해 및 포용 능력을 포함한다. 넷째, '지식정보처리 역량'은 지식정보화 사회에서 영어로 표현된 정보를 적절하게 활용하는 역량이며 정보 수집·분석 능력, 매체 활용능력, 정보 윤리를 포함한다.

위와 같은 영어 교과의 일반적인 성격과 핵심역량을 바탕으로 하는 학교급별 영어 교과의 성격은 다음과 같다.

초등학교 영어는 일상생활에서 사용하는 기초적인 영어를 이해하고 표현하는 능력을 기르는 교과로서 음성 언어를 사용한 의사소통능력 함양에 중점을 둔다. 문자 언어 교육은 쉽고 간단한 내용의 글을 읽고 쓸 수 있는 능력 함양에 초점을 맞추되, 음성 언어와 연계하여 내용을 구성한다. 초등학교 영어 교육은 초등학교 학생의 인지적, 정의적 특성을 고려하여 실생활에서 접할 수 있는 활동 등을 활용하고, 체험 학습을 통하여 발견의 즐거움을 경험할 수 있도록 한다. 이는 학습 부담을 경감시킴으로써 얻게 되는 여유 시간에 창의성과 인성을 함양할 수 있도록 영어과 교육과정 내용을 적정화시켜서 학습자들이 영어를 재미있게 배울 수 있도록 하는 내용으로 구성하는 것을 의미한다. 또한 초등학생들의 발달 단계와 특징을 고려하여 학습자들의 흥미와 관심을 끌 수 있도록 다양한 교수·학습 방법을 적용하며, 멀티미디어 자료와 정보 통신 기술(ICT) 도구 같은 교육 매체를 적절히 활용하도록 한다. 마지막으로 미래 국제사회 구성원으로 성장해나갈 수 있도록 하기 위하여 다양한 세계 문화에 대한 기초적인 이해와 포용의 태도를 기를 수 있도록 한다.

중학교 영어는 초등학교에서 배운 영어를 토대로 학습자들이 기본적인 일상 영어를 이해하고 이를 사용할 수 있는 능력을 기름으로써 외국의 문화를 이해하고, 고등학교의 선택 교육과정 이수에 필요한 기본 영어 능력을 배양시키는 데 역점을 둔다. 중학생의 인지적, 정의적 특성에 부합하는 다양한 교수·학습 방법을 활용하여 영어 의사소통능력을 함양할 수 있도록 한다. 또한 영어 학습과 언어 이해, 습득, 활용에 있어서 필수적인 요소인 문화 학습을 유기적으로 연결시켜 영어학습의 효율성을 꾀할 뿐만 아니라 외국의 문화에 대한 개방적인 태도 및 글로벌 시민 의식을 함께 기르고, 우리 문화를 외국인에게 소개할 수 있는 의사소통능력 배양을 유도한다.

공통 과목을 포함한 선택 과목으로서의 고등학교 영어 교과는 영어로 의사소통할 수 있는 능력을 길러 학습자 각자의 지적 역량을 신장시켜 학습자들이 미래의 주역으로서 시대적 변화에 능동적으로 대처할 수 있는 역량을 갖추어 글로벌 시민으로서 성장해나갈 수 있도록 하는 교과이다. 고등학교 영어는 학습자들이 초·중학교에서 학습한 내용을 바탕으로 영어를 이해하고 사용하는 능력을 길러 학업 및 진로에 적극적으로 활용할 수 있도록 영어 의사소통능력을 기르는 데 중점을 둔다. 과목 체제에 있어서는 공통 과목, 일반 선택 과목, 진로 선택 과목, 전문 교과Ⅰ로 구분하여 학습자들이 필요와 진로 등에 따라 선택하여 이수할 수 있도록 한다. 교과목별 성격 및 목표는 별도로 제시한다.

2. 목표

영어 교과는 학습자들의 영어 의사소통능력을 길러 주는 것을 총괄 목표로 삼으며 동시에 남을 배려하고 돕는 모범적인 시민 의식과, 지적 역량과 밀접한 관련이 있는 창의적 사고력을 배양하는 것을 목표로 삼고 있다. 또한 외국 문화의 올바른 이해를 바탕으로 한국 문화의 가치를 알고 상호적인 가치 인식을 통해서 국제적 안목과 세계 시민으로서의 기본 예절, 협동심 및 소양을 기르는 것 역시 영어 교과의 목표다.

이를 기반으로 영어 교과의 세부 목표는 첫째, 영어로 듣기, 말하기, 읽기, 쓰기 능력을 습득하여 기초적인 의사소통능력을 기르고 둘째, 평생교육으로서의 영어에 대한 흥미와 동기 및 자신감을 유지하도록 하고 셋째, 국제 사회 문화 이해, 다문화 이해, 국제 사회 이해 능력과 포용적인 태도를 기르고 넷째, 영어 정보 문해력 등을 포함하여 정보의 진위 및 가치 판단 능력을 기르는 것이다.

영어 교과 세부 목표에 따른 학교급별 목표는 다음과 같다.

초등학교 영어는 학습자들이 영어 학습에 흥미와 자신감을 가지고 일상생활에서 사용되는 기초적인 영어를 이해하고 표현하는 능력을 길러 영어로 의사소통할 수 있는 기초를 마련한다.

가. 영어 학습에 대한 흥미와 자신감을 기른다.
나. 자기 주변의 일상생활 주제에 관하여 영어로 기초적인 의사소통을 할 수 있다.
다. 영어 학습을 통해 외국의 문화를 이해한다.

3. 내용 체계 및 성취기준

가. 내용 체계

(1) 내용 체계표

[초등학교]

영역	핵심 개념	일반화된 지식	내용 요소		기능
			3~4학년	5~6학년	
듣기	소리	소리, 강세, 리듬, 억양을 식별한다.	• 알파벳, 낱말의 소리 • 강세, 리듬, 억양	• 알파벳, 낱말의 소리 • 강세, 리듬, 억양	식별하기
	어휘 및 문장	낱말, 어구, 문장을 이해한다.	• 낱말, 어구, 문장	• 낱말, 어구, 문장	파악하기
	세부 정보	말이나 대화의 세부 정보를 이해한다.	• 주변의 사람, 사물	• 주변의 사람, 사물 • 일상생활 관련 주제 • 그림, 도표	파악하기
	중심 내용	말이나 대화의 중심 내용을 이해한다.		• 줄거리 • 목적	파악하기 추론하기
	맥락	말이나 대화의 흐름을 이해한다.		• 일의 순서	파악하기 추론하기
말하기	소리	소리를 따라 말한다.	• 알파벳, 낱말 • 강세, 리듬, 억양	• 알파벳, 낱말 • 강세, 리듬, 억양	모방하기
	어휘 및 문장	낱말이나 문장을 말한다.	• 낱말, 어구, 문장	• 낱말, 어구, 문장	모방하기 표현하기 적용하기
	담화	의미를 전달한다.	• 자기소개 • 지시, 설명	• 자기소개 • 지시, 설명 • 주변 사람, 사물 • 주변 위치, 장소	설명하기 표현하기
		의미를 교환한다.	• 인사 • 일상생활 관련 주제	• 인사 • 일상생활 관련 주제	설명하기 표현하기

영역	핵심 개념	일반화된 지식	내용 요소 3~4학년	내용 요소 5~6학년	기능
				• 그림, 도표 • 경험, 계획	
읽기	철자	소리와 철자 관계를 이해한다.	• 알파벳 대소문자 • 낱말의 소리, 철자	• 알파벳 대소문자 • 낱말의 소리, 철자 • 강세, 리듬, 억양	식별하기 적용하기
	어휘 및 문장	낱말이나 문장을 이해한다.	• 낱말, 어구, 문장	• 낱말, 어구, 문장	파악하기
	세부 정보	글의 세부 정보를 이해한다.		• 그림, 도표 • 일상생활 관련 주제	파악하기
	중심 내용	글의 중심 내용을 이해한다.		• 줄거리, 목적	파악하기 추론하기
	맥락	글의 논리적 관계를 이해한다.			파악하기 추론하기
	함축적 의미	글의 행간의 의미를 이해한다.			추론하기
쓰기	철자	알파벳을 쓴다.	• 알파벳 대소문자	• 알파벳 대소문자	구별하기 적용하기
	어휘 및 어구	낱말이나 어구를 쓴다.	• 구두로 익힌 낱말, 어구 • 실물, 그림	• 구두로 익힌 낱말, 어구 • 실물, 그림	모방하기 적용하기
	문장	문장을 쓴다.		• 문장부호 • 구두로 익힌 문장	표현하기 적용하기
	작문	상황과 목적에 맞는 글을 쓴다.		• 초대, 감사, 축하 글	표현하기 설명하기

(2) 언어 기능과 의사소통 활동

- 듣기, 말하기, 읽기, 쓰기의 네 가지 언어 기능을 점진적으로 함양할 수 있도록 한다. 아울러 가급적 한두 가지 기능 이상을 통합적으로 사용할 수 있는 능력을 기르도록 한다.

언어 기능 \ 언어 구분	음성 언어	문자 언어
이해 기능	듣기	읽기
표현 기능	말하기	쓰기

- 의사소통 활동은 음성 언어 활동과 문자 언어 활동으로 이루어진다.

의사소통 활동	내용
음성 언어 활동	• 음성 언어 활동은 [별표 2]에 제시된 항목과 함께 [별표 4]의 '의사소통에 필요한 언어 형식'에 제시된 항목을 사용하기를 권장한다. • '의사소통 기능과 예시문' 중 학년군별 성취기준을 달성하기에 적절한 것을 선택해서 사용한다. 초등학교는 △표시한 예시문 사용을 권장한다. • [별표 4]의 '의사소통에 필요한 언어 형식'의 경우 학교급별 표시대로 사용하기를 권장한다.
문자 언어 활동	• 문자 언어 활동은 [별표 2]에 제시된 항목과 함께 [별표 4]의 '의사소통에 필요한 언어 형식'에 제시된 항목을 사용하여 이루어진다. • 초등학교는 △표시한 예시문 사용을 권장한다. • [별표 4]의 '의사소통에 필요한 언어 형식'의 경우 학교급별 표시대로 사용하기를 권장한다.

(3) 언어 재료

구분	내용	초	중	고
문화	문화 요소	• 타 문화 이해	• 타 문화 이해 및 우리 문화 소개	• 다양한 문화 이해 및 존중
소재	[별표 1]의 소재 참조	• 자기 주변의 일상생활 주제	• 친숙한 일상생활 주제	• 친숙한 일반적 주제
의사소통 기능 예시문	[별표 2]에 제시된 '의사소통 기능과 예시문' 참조	초등 권장 예시문 참조		
어휘	[별표 3]에 제시된 기본 낱말 목록에서 권장 낱말수의 90% 이상 사용. 단 고등학교 진로 선택과 전문 교과 Ⅰ과목은 80% 이상 사용	500 낱말 내외 *초등 권장 낱말 사용	750 낱말 내외 (누계 1,250 낱말 내외)	*아래 표 참조
언어 형식	[별표 4]에 제시된 '의사소통에 필요한 언어 형식' 참조	초등학교 권장 언어 형식 참조	중학교 권장 언어 형식 참조	고등학교 권장 언어 형식 참조

• 자연스러운 언어 활동을 위하여 아래의 소재, 언어, 어휘, 단일 문장의 길이를 참고한다.

구분	내용
소재	• [별표 1]의 '소재'를 참조하여 적절한 것을 선택하여 사용 • 학습자들의 흥미, 필요, 인지적 수준 등을 고려하여 학습 동기를 유발할 수 있는 내용 • 의사소통 기능을 이해하고 활용하는데 도움이 되는 내용 • 주제, 상황, 과업 등을 고려한 내용 • 상호 작용에 적합한 내용 • 영어권 및 비영어권 문화 이해에 적합한 내용 • 창의력 및 논리적, 비판적 사고력 배양에 도움이 되는 내용
언어	• 자연스러운 언어 습득과 실제적인 의사소통 활동에 도움이 되는 언어 • 일상생활에서 많이 쓰이는 언어 • 학습자들의 나이와 인지적인 수준을 고려한 언어 • 소리와 문자의 관계, 소리와 의미의 식별, 말의 연결, 말의 속도에 따른 음운 변화, 상황에 따른 음운 변화 및 자연스러운 발화 등에 도움이 되는 언어
어휘	각 학년에서 사용할 수 있는 새로운 어휘 수는 다음과 같다. • 초등학교 3~4학년군 : 240 낱말 내외 • 초등학교 5~6학년군 : 260 낱말 내외 (누계 : 500 낱말)
단일 문장의 길이	• 초등학교 3~4학년군 : 7 낱말 이내 • 초등학교 5~6학년군 : 9 낱말 이내 (단, and, but, or를 사용하는 경우에는 예외로 한다)

나. 성취기준

[초등학교 3~4학년]

(1) 듣기

초등학교 3~4학년군의 듣기 영역 성취기준은 학습자들이 영어의 소리, 강세, 리듬, 억양을 식별하고 쉽고 간단한 낱말, 어구, 문장, 표현 등을 듣고 이해하며 일상생활 속의 친숙한 말이나 대화를 듣고 세부 정보를 파악할 수 있는 능력을 기를 수 있도록 설정되었다. 학습자들이 3~4학년군의 듣기 영역 성취기준을 달성함으로 영어 듣기 능력의 기초를 다지고, 영어에 대한 흥미와 자신감을 가지며, 다른 문화와 언어의 다양성을 이해할 수 있도록 한다.

[4영01-01] 알파벳과 낱말의 소리를 듣고 식별할 수 있다.
[4영01-02] 낱말, 어구, 문장을 듣고 강세, 리듬, 억양을 식별할 수 있다.
[4영01-03] 기초적인 낱말, 어구, 문장을 듣고 의미를 이해할 수 있다.
[4영01-04] 쉽고 친숙한 표현을 듣고 의미를 이해할 수 있다.
[4영01-05] 한두 문장의 쉽고 간단한 지시나 설명을 듣고 이해할 수 있다.
[4영01-06] 주변의 사물과 사람에 관한 쉽고 간단한 말이나 대화를 듣고 세부 정보를 파악할 수 있다.
[4영01-07] 일상생활 속의 친숙한 주제에 관한 쉽고 간단한 말이나 대화를 듣고 세부 정보를 파악할 수 있다.

(가) 학습 요소

- 알파벳, 낱말의 소리, 강세, 리듬, 억양
- 낱말, 어구, 문장
- 주변의 사람, 사물

(나) 성취기준 해설

- '[4영01-02] 낱말, 어구, 문장을 듣고 강세, 리듬, 억양을 식별할 수 있다.'는 강세 박자 리듬 언어인 영어의 분절 음소와 강세, 리듬, 억양 등의 초분절 음소를 익히게 하려는 데 초점이 있다. 노래나 찬트 등을 따라하면서 낱말, 어구, 문장을 듣고 자연스럽게 강세, 리듬, 억양을 익히는 수준을 말한다.
- '[4영01-04] 쉽고 친숙한 표현을 듣고 의미를 이해할 수 있다.'는 인사하기, 안부 묻고 답하기, 질문하고 답하기 등 일상생활에서 가장 기본적으로 수행해야 하는 관용적인 표현을 상황과 함께 반복하여 듣고 자연스럽게 익히는 수준을 말한다.
- '[4영01-06] 주변의 사물과 사람에 관한 쉽고 간단한 말이나 대화를 듣고 세부 정보를 파악할 수 있다.'는 주변의 사물과 사람에 관한 친숙한 내용이 담긴 말이나 대화를 듣고, 주변 사물과 사람에 관한 모양, 크기, 개수, 색깔 등 특정한 정보를 파악하는 수준을 말한다.
- '[4영01-07] 일상생활 속의 친숙한 주제에 관한 쉽고 간단한 말이나 대화를 듣고 세부 정보를 파악할 수 있다.'는 학습자에게 친숙하며 흥미와 관심을 가질 수 있는 내용을 듣고, 대화가 일어난 장소, 시간, 방향, 종류, 관계 등 특정한 정보를 파악하는 수준을 말한다.

(다) 교수·학습 방법 및 유의 사항

- 알파벳 소리를 지도할 때에는 친숙한 낱말 및 다양한 듣기 자료를 통해 알파벳의 소리를 자연스럽게 식별할 수 있도록 지도한다.
- 노래, 찬트, 대화 등의 듣기 자료를 통해 영어의 다양한 강세, 리듬, 억양을 자연스럽게 익힐 수 있도록 지도한다.
- 실물, 그림, 동작 등을 활용하여 낱말, 어구, 문장의 의미를 추측하거나 파악하게 한다. 특히 학습 초기에는 교실 및 주변에서 쉽게 접하는 사물의 이름, 가족 호칭, 인사말 등의 낱말, 어구, 문장을 이해할 수 있도록 지도한다.
- 쉽고 친숙한 표현을 상황과 함께 제시하여 이해를 돕고, 필요한 경우 다양한 멀티미디어 자료를 활용하여 자연스럽고 흥미로운 학습이 이루어지게 한다.
- 교실 내의 여러 가지 실물을 이용하여 다양한 지시나 설명을 하고, 학습자가 듣고 이해한 것을 얼굴 표정, 자세, 동작 등을 이용하여 표현할 수 있도록 지도한다.
- 영어 학습에 대한 흥미와 자신감을 부여할 수 있도록 듣고 행동으로 반응하기, 듣고 지시대로 행동하기 등 듣고 이해한 정도를 여러 가지 과업 수행으로 나타낼 수 있도록 지도한다.

(라) 평가 방법 및 유의 사항

- 3~4학년군 듣기 평가의 내용과 수준은 3~4학년군의 듣기 성취기준을 근거로 선정한다.
- 낱말, 어구, 문장의 이해 여부는 질문에 대한 대답 및 그림, 동작 등 언어 이외의 방법으로도 표현하게 하여 확인한다.
- 지시, 설명에 대한 이해는 행동이나 동작을 통해 파악하고, 상황에 따라 알맞게 낱말을 바꾸어 제시하고 집중하여 듣는 능력을 평가한다.
- 시각적 자료나 일상생활의 맥락, 배경이 포함되어 있는 듣기 자료를 활용하여 평가한다.
- 평가 목적, 대상 및 방법에 따라 낱말, 어구, 문장 등 적절한 수준의 문자 언어 재료를 활용하여 평가한다.

(2) 말하기

초등학교 3~4학년군의 말하기 영역은 영어 알파벳과 낱말의 소리 및 문장의 강세, 리듬, 억양에 맞게 따라 말하기와 간단한 문장으로 의미를 전달하고, 일상생활의 쉽고 간단한 표현으로 질문하기와 대답하기를 통해 의미를 교환할 수 있도록 설정되었다. 학습자들이 3~4학년군의 말하기 영역 성취기준을 달성함으로써 영어 말하기 능력의 기초를 다지고, 영어에 대한 흥미와 자신감을 가지며, 다른 문화와 언어의 다양성을 이해할 수 있도록 한다.

[4영02-01] 알파벳과 낱말의 소리를 듣고 따라 말할 수 있다.
[4영02-02] 영어의 강세, 리듬, 억양에 맞게 따라 말할 수 있다.
[4영02-03] 그림, 실물, 동작에 관해 쉽고 간단한 낱말이나 어구, 문장으로 표현할 수 있다.
[4영02-04] 한두 문장으로 자기소개를 할 수 있다.
[4영02-05] 한두 문장으로 지시하거나 설명할 수 있다.
[4영02-06] 쉽고 간단한 인사말을 주고받을 수 있다.
[4영02-07] 일상생활 속의 친숙한 주제에 관해 쉽고 간단한 표현으로 묻거나 답할 수 있다.

(가) 학습 요소
- 알파벳, 낱말, 강세, 리듬, 억양
- 낱말, 어구, 문장
- 자기소개, 지시, 설명,
- 인사, 일상생활 관련 주제

(나) 성취기준 해설
- '[4영02-02] 영어의 강세, 리듬, 억양에 맞게 따라 말할 수 있다.'는 영어는 낱말 내에 강세가 있는 소리가 있으며, 문장 내에서도 강세가 있는 낱말과 약하게 발음하는 낱말이 있음을 학습자들이 자연스러운 발음을 통해 인지하고 강세, 리듬, 억양을 익히는 수준을 말한다.
- '[4영02-03] 그림, 실물, 동작에 관해 쉽고 간단한 낱말이나 어구, 문장으로 표현할 수 있다.'는 실물이나 그림을 보거나 동작으로 표현하면서 해당하는 낱말이나 어구, 문장을 말하는 학습 초기에 쉽게 할 수 있는 수준을 말한다.
- '[4영02-04] 한두 문장으로 자기소개를 할 수 있다.'와 '[4영02-05] 한두 문장으로 지시하

거나 설명을 할 수 있다.'는 한두 문장의 영어로 간단하게 자신을 소개하고, 지시하거나 명령하는 문장들을 자연스럽게 말할 수 있는 수준을 말한다.
- '[4영02-07] 일상생활 속의 친숙한 주제에 관해 쉽고 간단한 표현으로 묻거나 답할 수 있다.'는 학습자들에게 친숙한 개인의 일상생활과 관련된 내용들을 어휘와 언어 형식이 쉬운 짧고 간단한 문장을 이용하여 적절하게 묻고 답할 수 있는 수준을 말한다.

(다) 교수·학습 방법 및 유의 사항

- 친숙한 낱말을 통해 영어의 음소를 바르게 소리 낼 수 있도록 하고 노래와 찬트 등을 통해 영어의 강세, 리듬, 억양을 자연스럽게 익힐 수 있도록 지도하도록 한다. 노래와 찬트는 영어의 강세, 리듬, 억양을 익히기에 좋은 언어 자료로서, 학습자들이 노래와 찬트를 듣고 내용을 이해하고 반복적으로 들으면서 자연스럽게 따라 부르도록 한다. 낱말 수준에서부터 문장, 간단한 대화 등의 순으로 들려주면서 자연스럽게 영어의 강세, 리듬, 억양에 익숙해지도록 한다.
- 주변의 친숙한 물건이나 사물의 그림을 보고 이름을 말하거나 문장으로 말하는 활동, 해당 단어를 동작으로 표현해 보고 다른 학습자가 맞히게 하거나 소집단으로 나누어 추측하기 등의 게임을 통해서 쉽고 간단한 낱말이나 어구, 문장의 말하기에 흥미를 가지도록 한다.
- 작은 종이 인형을 만들어 사용하게 하거나 동물 그림 등에 이름표를 달아주고 소집단 활동으로 발표하는 등의 협동학습을 통해 학습자들이 소개하기 활동에 흥미롭게 참여하도록 한다. 또한 자신의 이름이나 좋아하는 물건, 색깔이나 음식, 운동이나 가족 등도 소개해 보도록 한다.
- 교사가 교실 영어로 지시하거나 요청하는 말을 자주 들려주는 것이 필요하며 이러한 표현에 자주 노출된 학습자들이 교실에서 일어나는 활동이나 필요한 행동에 관하여 자연스럽게 말할 수 있도록 한다.
- 인사말을 주고받을 수 있는 유의미한 상황을 조성하고 인사하기 표현들을 사용함으로써 학습자들이 내재화할 수 있도록 한다.
- 학습자 상호 간의 협력을 요하는 다양한 과업 제시를 통해 학습자와 학습자 간의 영어 말하기를 통한 상호작용이 활발하게 이루어지도록 하고, 대인 관계 능력 및 타인에 대한 배려와 관용을 함께 신장시킬 수 있도록 지도한다.
- 의사소통에 지장을 주지 않는 한 교사의 즉각적인 오류 수정을 피하고, 학습자 스스로 오류를 발견하고 수정할 수 있도록 다양한 교정적 피드백을 제공한다.

(라) 평가 방법 및 유의 사항

- 3~4학년군 말하기 평가의 내용과 수준은 3~4학년군 말하기 영역 성취기준을 근거로 선정한다.
- 말하기 능력을 평가하고자 할 때는 가급적 수행평가를 실시한다. 수행평가는 학습자가 학습한 지식이나 기능을 실제적으로 사용하는 것을 평가한다.
- 수행평가는 평가의 목표, 평가 유형, 채점 기준을 명확하게 한 후 실시한다. 말하기 성취기준에 근거하여 평가하고자 하는 목표를 설정한 후, 어떤 유형의 평가를 어느 정도의 내용과 수준으로, 어떤 채점 기준을 가지고 할 것인지를 정한 후에 수행평가를 실시한다.
- 3~4학년군은 초보적인 영어학습 단계이고 처음 경험하는 영어 말하기가 부담스러울 수 있는 시기이므로 평가에 심리적인 부담을 가지지 않도록 유의한다. 또한 '평가를 위한 평가'가 아니라 '학습을 위한 평가'가 될 수 있도록 평가 결과보다는 학습의 연장선으로 활용될 수 있도록 한다.
- 교수·학습 과정 중에 적절한 형성평가를 활용한다. 수업 시간 중에 학습자에게 교사가 하는 질문에 대한 학습자의 응답, 학습자의 소집단 활동과 짝 활동을 통한 과업 수행 여부에 대한 관찰 등의 형성평가를 통해서 교수·학습 방법이 적절한지 확인하고 교수·학습 방법 개선에 활용한다.
- 자기 평가는 학습자 자신의 학습에 대해 주의를 기울이고 학습 결과에 대해 스스로 점검함으로써 학습 계획이나 의도에 긍정적인 영향을 주어 차츰 자기 주도적인 학습으로 나아갈 수 있도록 도움을 줄 수 있으므로 '따라 말하기'나 '자기 소개하기' 등의 평가에 활용한다.
- 학생 상호 평가는 학습자 스스로와 교사가 관찰하지 못한 학습 활동상의 태도 등의 부분에 보완적인 평가의 기능을 충분히 할 수 있으므로 '인사말을 주고받기'나 '쉽고 간단한 표현으로 묻고 답하기' 등의 평가에 활용한다.

(3) 읽기

초등학교 3~4학년군의 읽기는 알파벳을 식별하고 영어의 소리와 철자관계를 이해하여 낱말을 읽을 수 있는 기초를 다지는 과정으로 낱말과 어구, 문장을 따라 읽는 단계를 넘어 낱말이나 어구, 문장을 읽고 그 의미를 이해할 수 있도록 설정되었다. 학습자들이 3~4학년군의 읽기 영역 성취기준을 달성함으로써 영어 읽기 능력의 기초를 다지고, 영어에 대한 흥미와 자신감을 가지며, 다른 문화와 언어의 다양성을 이해할 수 있도록 한다.

> [4영03-01] 알파벳 대소문자를 식별하여 읽을 수 있다.
> [4영03-02] 소리와 철자의 관계를 이해하여 낱말을 읽을 수 있다.
> [4영03-03] 쉽고 간단한 낱말이나 어구, 문장을 따라 읽을 수 있다.
> [4영03-04] 쉽고 간단한 낱말이나 어구를 읽고 의미를 이해할 수 있다.
> [4영03-05] 쉽고 간단한 문장을 읽고 의미를 이해할 수 있다.

(가) 학습 요소
- 알파벳 대소문자, 낱말의 소리, 철자
- 낱말, 어구, 문장

(나) 성취기준 해설
- '[4영03-02] 소리와 철자의 관계를 이해하여 낱말을 읽을 수 있다.'는 낱말을 구성하고 있는 철자가 낱말 안에서 어떤 음가를 갖고 있는지 이해하고 이를 바탕으로 낱말을 스스로 읽을 수 있는 것을 말한다. 학습자들은 여러 낱말들을 접하면서 각 철자가 어떤 소리를 내며, 같은 철자라도 낱말에 따라 달라진다는 것을 인식하게 된다. 처음에는 낱말의 첫 글자를 나타내는 소리만 인식하다가 점차 낱말의 끝 글자를 나타내는 소리도 인식하게 된다. 나아가 낱말이 자음과 모음으로 구성된다는 것을 알고 모음의 소리까지도 인식하게 된다. 모음의 소리를 인식하게 되면 낱말의 음절을 구분할 수 있게 되어 소리와 철자와의 규칙을 적용하여 낱말을 스스로 읽을 수 있게 되며, 점차 독자적인 읽기의 기초가 되어 문장이나 글을 읽을 수 있는 수준으로 발전하게 된다. 소리와 철자와의 관계는 여러 낱말들을 접하면서 어느 정도 자연스럽게 인지하게 되지만 간단한 낱말 중에서 비슷한 철자 구조를 가지고 있는 낱말을 통해 좀 더 명확하게 인식하도록 한다.
- '[4영03-03] 쉽고 간단한 낱말이나 어구, 문장을 따라 읽을 수 있다.'는 교사나 교과서에서 제공하는 원어민 음성을 따라서 소리 내어 읽는 것을 말한다. 소리 내어 읽는 과정을 통해 영어의 발음, 강세, 리듬, 억양을 자연스럽게 익히게 된다. 이때 소리 내어 읽는 것이 의미를 이해하는 수준을 요구하는 것이 아님을 유의해야 한다.
- '[4영03-05] 쉽고 간단한 문장을 읽고 의미를 이해할 수 있다.'는 읽기의 범위가 낱말과 어구에서 문장으로 확대되는 단계로 스스로 문장을 읽고 그 의미를 이해하는 수준을 말한다. 문장 수준의 읽기라고 하여도 음성 언어로 익힌 표현이어야 하며 그림이나 도표 등 시각적 자료를 함께 제공하면 읽기에 대한 부담을 줄이고 읽기의 즐거움을 느낄 수 있다.

(다) 교수·학습 방법 및 유의 사항

- 대소문자의 모양이 차이가 나는 알파벳은 특별히 유의하여 지도한다. 모양이 비슷한 알파벳은 서로 짝을 지어 제시하여 그 차이점을 분명하게 알도록 한다. 알파벳 대소문자 짝짓기, 해당하는 알파벳 찾기, 알파벳 모형을 활용한 활동, 알파벳 노래 부르기 등 다양한 활동을 활용하여 재미를 느끼면서 익힐 수 있도록 한다.
- 소리와 철자의 관계를 지도할 때에는 여러 낱말을 예시로 제시하여 소리와 철자 관계의 규칙을 스스로 찾아보도록 하며 대응 관계가 규칙적인 낱말, 철자 패턴이 같은 낱말 등을 우선 적용하여 지도한다. 그러나 소리와 철자 관계의 규칙성을 지나치게 강조하면 오히려 역효과가 날 수도 있으므로 여러 가지 활동 속에서 자연스럽게 인식하도록 한다. 낱말을 듣고 첫소리나 끝소리가 같은 낱말 찾기, 소집단 활동으로 첫소리나 끝소리가 같은 낱말 사전 만들기, 첫소리가 같은 낱말 릴레이 등의 다양한 활동을 활용할 수 있다.
- 소리 내어 읽기를 단순하게 반복하게 되면 지루할 수 있으므로 혼자 읽기, 짝과 교대로 읽기, 목소리 바꾸어서 읽기 등 다양한 방법을 활용하도록 한다. 찬트를 활용하여 소리 내어 읽기를 하는 것도 효과적이다. 다른 학습 활동 속에서 연계하여 기계적이고 반복적인 읽기에만 그치지 않도록 한다.
- 어구를 읽을 때에는 개별 낱말보다 어구 전체의 의미를 이해하는데 중점을 둔다. 낱말이나 어구를 읽기로 제시할 때에는 개별로 제시하는 것 외에도 다양한 의사소통 상황 속에서 제시하는 것이 효과적이다. 읽기 활동을 말하기나 쓰기 등 다른 언어 기능과 연계하면 자연스럽게 다른 언어 기능과 통합이 될 수 있다. 낱말이나 어구 카드 놀이나 게임, 컴퓨터 자료 등을 활용하여 재미있으면서도 유의미한 읽기 학습이 되도록 한다.
- 문장 읽기를 지도할 때 유의할 점은 문장 내에 있는 내용어 외에도 be 동사, 인칭대명사, 전치사, 의문사 등의 기능어가 포함되어 있다는 것을 고려하여 학습자들에게 부담이 되지 않도록 한다. 문장 수준의 읽기는 구체적인 상황과 연결 지어 학습자들의 흥미를 높이도록 한다. 문장과 알맞은 그림 찾기, 컴퓨터를 활용한 읽기 게임, 모둠 협력 활동 등을 활용할 수 있다.
- 놀이나 게임은 학습 참여를 높이고 흥미를 지속시키는 긍정적인 효과가 있으므로 카드, 컴퓨터를 이용한 게임 등 다양한 활동을 활용하도록 한다. 다만, 지나치게 경쟁적인 게임은 오히려 역효과가 날 수 있으므로 유의하여야 하며 경쟁적인 게임이나 놀이보다는 협동할 수 있는 활동이 될 수 있도록 한다.

(라) 평가 방법 및 유의 사항

- 3~4학년군 읽기 평가의 내용과 수준은 3~4학년군 읽기 영역 성취기준을 근거로 선정한다.
- 교수·학습 활동과 평가가 연계되도록 하여 학습의 결과만을 평가하지 않도록 한다.
- 알파벳을 식별하여 읽는 평가는 실제로 알파벳을 소리 내어 읽는 평가, 알파벳 대소문자를 연결하기, 흩어진 알파벳을 찾아 맞추기 등 실제 수행과 지필 평가를 병행하여 실시할 수 있다.
- 소리와 철자와의 관계를 평가할 때에는 학년 수준을 고려하여 규칙적인 관계가 있는 낱말을 선정하도록 한다. 첫소리가 같은 낱말 찾기, 첫소리 알파벳 채우기, 같은 소리로 시작하는 낱말끼리 묶기, 그림과 알파벳 첫소리나 끝소리 연결하기 등 학습 활동의 결과를 평가할 수 있다.
- 낱말이나 어구 읽기를 평가할 때에는 시각적인 보조 자료 없이 문자 언어를 제시할 수 있으나 구두로 익힌 쉽고 간단한 낱말이나 어구를 선정하도록 한다. 평가 방법으로는 낱말 또는 어구와 그림을 연결하기, 낱말 또는 어구를 읽고 분류하기, 상황에 어울리는 낱말 또는 어구 카드 찾기 등을 활용 할 수 있다.
- 문장 읽기를 평가할 때에는 지필 평가와 병행하여 다양한 활동 과정을 수행평가로 할 수 있다. 문장을 읽고 행동하기, 문장을 읽고 일치하는 그림 찾기, 문장을 읽고 전달하기 등 단순히 읽고 의미를 해석하는 것을 넘어 과업 수행 과정을 평가 할 수 있다.
- 평가의 방법을 지필 평가, 교사 평가, 학생 상호 평가, 자기 평가, 포트폴리오 등 다양하게 적용하도록 한다.

(4) 쓰기

초등학교 3~4학년군의 쓰기 영역 성취기준은 학습자들이 영어 알파벳 대소문자를 구별하여 쓰고, 구두로 익힌 낱말과 어구를 따라 쓰거나 보고 쓰며 쉽고 간단한 낱말이나 어구를 쓸 수 있도록 설정되었다. 학습자들이 3~4학년군의 쓰기 영역 성취기준을 달성함으로써 영어 쓰기 의사소통능력의 기초를 다지고, 영어에 대한 흥미와 자신감을 가지며, 다른 문화와 언어의 다양성을 이해할 수 있도록 한다.

[4영04-01] 알파벳 대소문자를 구별하여 쓸 수 있다.
[4영04-02] 구두로 익힌 낱말이나 어구를 따라 쓰거나 보고 쓸 수 있다.
[4영04-03] 실물이나 그림을 보고 쉽고 간단한 낱말이나 어구를 쓸 수 있다.

(가) 학습 요소

- 알파벳 대소문자
- 구두로 익힌 낱말, 어구, 실물, 그림

(나) 성취기준 해설

- '[4영04-01] 알파벳 대소문자를 구별하여 쓸 수 있다.'는 읽기의 '[4영03-01] 알파벳 대소문자를 식별하여 읽을 수 있다.'와 연계되는 성취기준으로 개별 철자의 모양과 특징에 대한 구체적인 인식을 바탕으로 쓸 수 있는 수준을 말한다.
- '[4영04-03] 실물이나 그림을 보고 쉽고 간단한 낱말이나 어구를 쓸 수 있다.'는 구두로 익힌 것을 쓰는 것에서 발전된 수준으로 학습자들이 실물이나 그림이 나타내는 의미를 이해하고 그 의미를 담고 있는 낱말이나 어구를 스스로 쓸 수 있는 단계까지 포함한다.

(다) 교수·학습 방법 및 유의 사항

- 다양한 활동을 통해 알파벳 대소문자를 바르게 쓰도록 지도한다. 철자의 모양을 식별하고 그 특징을 인식할 수 있도록 철자의 크기, 획의 방향, 쓰는 순서, 4선 공책에서의 글자 위치 등 다양한 특징을 이해하도록 지도한다. 알파벳 모양 안에 색칠하기, 알파벳 베껴 쓰기, 몸으로 알파벳 쓰기, 짝을 이루는 대문자 또는 소문자 쓰기 등의 활동을 할 수 있다.
- 구두로 익힌 낱말이나 어구를 쓰는 활동을 할 때는 학습자들의 음성 언어와 문자 언어가 연계될 수 있도록 도와주도록 한다. 이때 주의할 사항은 학습자들에게 낱말을 쓰도록 시킨 후 그대로 내버려 두지 말고 교사가 학습자들과 함께 단어를 읽고 칠판에 쓰는 활동을 통해 그 과정에서 학습자들이 소리와 철자의 관계를 내면화하는 데 도움을 받도록 한다. 학습 활동으로는 단어 읽는 소리를 들으면서 베껴 쓰기, 점선 연결하여 낱말 만들기, 일부만 제시된 단어의 나머지 철자 채우기, 여러 사람이 돌려가면서 낱말 따라 쓰기 등의 활동이 가능하다.
- 쓰기는 듣기, 말하기, 읽기와 연계하여 지도하되, 쓰기 활동의 수준은 음성 언어 및 읽기

활동 수준보다 약간 낮추어 지도할 수 있다.
- 듣고 쓰기 활동을 할 경우에는 소리와 철자 관계를 생각하며 써 보도록 유도한다.
- 초기에는 반복적인 따라 쓰기 등의 통제 쓰기를 통해 쓰기에 대한 자신감을 증진하도록 하며, 점진적으로 통제를 줄여가면서 쓸 수 있도록 지도한다.
- 쓰기에 대한 흥미와 관심을 잃지 않도록 알파벳과 일상생활에서 자주 접할 수 있는 쉬운 낱말 위주로 쓰게 하며, 쓰기 결과물은 가능한 한 학습자 수준에 맞추어 개별적으로 교정해 주도록 한다.
- 3~4학년은 우리말을 쓸 때에도 시간이 많이 필요한 시기임을 감안하여, 쓰기 활동을 할 때는 시간을 넉넉히 주도록 한다.

(라) 평가 방법 및 유의 사항
- 3~4학년군 쓰기 평가의 내용과 수준은 3~4학년군 쓰기 영역 성취기준을 근거로 선정한다.
- 교수·학습 활동과 평가가 연계 되도록 하여 학습의 결과뿐만 아니라 과정도 평가되도록 한다.
- 쓰기 능력을 발현시키고 측정할 수 있는 다양한 쓰기 평가기법을 사용한다.
- 평가 과제의 수준, 난이도 및 내용을 학습자 수준에 맞게 재구성하여 활용하도록 한다.
- 쓰기 평가를 위한 채점 척도는 일반 쓰기 평가 원리에 의한 척도를 응용하거나, 해당 평가 과제에 최적화된 척도를 별도로 만들어 사용할 수 있다.
- 3~4학년군에서는 쓰기 평가와 관련하여 학습 부담이 되지 않도록 특히 유의하며, 쓰기 평가를 위해 준비할 시간을 충분히 갖도록 한다.

[초등학교 5~6학년]
(1) 듣기

　초등학교 5~6학년군의 듣기 영역 성취기준은 두세 개의 연속된 지시나 설명하는 말을 듣고 이해하며, 일상생활 속의 친숙한 주제에 관한 말이나 대화를 듣고 세부 정보를 파악하고, 쉽고 간단한 말이나 대화를 듣고 세부 정보, 중심 내용 및 맥락을 파악할 수 있도록 설정되었다. 학습자들이 5~6학년군의 듣기 영역 성취기준을 달성함으로써 3~4학년군에서 익힌 영어 듣기 의사소통능력을 계속 발전시키고, 영어에 대한 흥미와 관심을 지속시키며, 스스로 영어 학습을 할 수 있는 방법을 습득하여 영어 학습에 대한 자신감을 가질 수 있도록 한다. 또한 여러 가지 매체를 통하여 다른 언어와 문화의 다양성을 이해하며 포용하는 태도를 기를 수 있도록 한다.

[6영01-01] 두세 개의 연속된 지시나 설명을 듣고 이해할 수 있다.
[6영01-02] 일상생활 속의 친숙한 주제에 관한 간단한 말이나 대화를 듣고 세부 정보를 파악할 수 있다.
[6영01-03] 그림이나 도표에 대한 쉽고 간단한 말이나 대화를 듣고 세부 정보를 파악할 수 있다.
[6영01-04] 대상을 비교하는 쉽고 간단한 말이나 대화를 듣고 세부 정보를 파악할 수 있다.
[6영01-05] 쉽고 간단한 말이나 대화를 듣고 줄거리를 파악할 수 있다.
[6영01-06] 쉽고 간단한 말이나 대화를 듣고 목적을 파악할 수 있다.
[6영01-07] 쉽고 간단한 말이나 대화를 듣고 일의 순서를 파악할 수 있다.

(가) 학습 요소
- 알파벳, 낱말의 소리, 강세, 리듬, 억양
- 낱말, 어구, 문장
- 주변의 사람, 사물, 대상 비교, 일상생활 관련 주제, 그림, 도표
- 줄거리, 목적
- 일의 순서

(나) 성취기준 해설

- '[6영01-03] 그림이나 도표에 대한 쉽고 간단한 말이나 대화를 듣고 세부 정보를 파악할 수 있다.'는 그림이나 도표에 관한 설명이나 묘사하는 말, 대화를 듣고 대상, 개수, 크기, 길이, 생김새, 색깔, 선호도 등 특정한 정보를 파악하는 수준을 말한다.
- '[6영01-05] 쉽고 간단한 말이나 대화를 듣고 줄거리를 파악할 수 있다.'는 쉽고 간단한 말이나 대화를 듣고 말이나 대화에 나타나는 전체 흐름, 즉 중심 되는 내용을 파악하는 수준을 말한다. 줄거리는 핵심이 되는 중요한 내용 또는 사건이 일어난 순서를 의미한다.
- '[6영01-07] 쉽고 간단한 말이나 대화를 듣고 일의 순서를 파악할 수 있다.'는 쉽고 간단한 말이나 대화를 듣고 사건이 일어난 순서를 파악하는 수준을 말한다. 그림이나 만화 등을 이용하여 사건이 일어난 순서에 따라 연결 및 배열하기, 일이 일어난 순서대로 번호쓰기 등의 활동을 활용한다.

(다) 교수·학습 방법 및 유의 사항

- 대화가 일어나는 상황, 전후 관계, 배경 지식 등을 활용하여 의미를 파악하도록 지도하고 듣기 전 활동, 듣기 중 활동, 듣기 후 활동으로 나누어 단계별로 지도한다.
- 연속된 두세 개의 지시나 설명을 들은 뒤 순서에 맞게 동작으로 나타내고 실물, 그림, 인형 등을 이용하여 이해한 것을 표현하게 지도한다.
- 영어 학습에 대한 흥미와 자신감을 가질 수 있도록 듣고 행동으로 반응하기, 듣고 지시대로 행동하기 등 듣고 이해한 정도를 다양한 과업 수행하기로 나타내도록 지도한다.
- 간단한 말이나 대화를 듣고 내용을 이해하는 데 도움이 되는 인물, 행동, 장소, 시간, 감정 등 세부 정보를 파악하도록 지도한다.
- 비교 표현이 사용된 말이나 대화를 듣고 알맞은 그림에 표시하기, 그림 그리기, 번호쓰기, 순서 정하기 등의 다양한 활동을 통해 비교하는 표현을 익힐 수 있도록 지도한다.
- 말이나 대화를 듣고 상황을 파악한 뒤, 주요 낱말 및 배경 지식 등을 활용하여 그림이나 도표에 담긴 세부 정보를 파악하도록 지도한다.
- 대상을 비교하는 표현이 담긴 말이나 대화를 듣고 알맞은 그림 찾기, 틀린 부분 표시하기, 그림을 그리거나 번호 표시하기 등의 다양한 방법으로 지도한다.
- 말이나 대화를 듣고 겉으로 드러나는 세부 정보, 줄거리, 목적, 일이 일어난 순서 파악하기 및 내용에는 나오지 않으나 장소나 인물을 추측하기 등으로 발전시킬 수 있도록 지도한다.

(라) 평가 방법 및 유의 사항
- 5~6학년군 듣기 평가의 내용과 수준은 5~6학년군 듣기 성취기준을 근거로 선정한다.
- 듣기 평가는 평가 목적과 대상, 방법에 따라 낱말, 어구, 문장, 문단 등 적절한 수준의 언어 재료를 활용한다.
- 듣기 능력을 측정할 수 있는 다양한 과업 수행을 활용한다.
- 사실적 이해 문항을 주로 평가하되 학습자의 수준에 따라 추론적 이해 문항도 포함시킬 수 있다. 예를 들어, 그림에 대한 묘사를 들으면서 묘사에는 나와 있지 않은 그림의 장소 등을 추측하게 하거나, 그림에 관한 간단한 설명을 듣고 불충분한 부분을 완성하게 하는 활동으로 발전시킬 수 있다.
- 간단한 설명을 듣고 이해 여부를 그림으로 나타내기, 불충분한 그림 완성하기, 빠진 그림 그려 넣기, 목표 지점에 표시하기 등의 다양한 방법으로 평가한다.
- 말이나 대화를 듣고 제시된 그림, 도표, 지도, 숫자 등을 해석하거나 세부 정보나 줄거리, 목적 및 순서 등을 파악하는 정도를 평가한다.

(2) 말하기

초등학교 5~6학년군의 말하기 영역 성취기준은 주변 사람과 사물 등에 관해 문장으로 말하기와 자신과 일상생활 속의 친숙한 주제에 관해 질문하고 대답하기 등을 통해 말하고자 하는 의미를 전달하고 교환할 수 있도록 설정되었다. 학습자들이 5~6학년군의 말하기 영역 성취기준을 달성함으로써 3~4학년군에서 익힌 말하기 의사소통능력을 계속 발전시키고, 영어에 대한 흥미와 관심을 지속시키며, 스스로 영어 학습을 할 수 있는 방법을 습득하여 영어 학습에 대한 자신감을 가질 수 있도록 한다. 또한 여러 가지 매체를 통하여 다른 언어에 대한 다양성을 이해하고, 다른 문화와 언어를 이해하며 포용하는 태도를 기를 수 있도록 한다.

> [6영02-01] 그림, 실물, 동작에 관해 한두 문장으로 표현할 수 있다.
> [6영02-02] 주변 사람에 관해 쉽고 간단한 문장으로 소개할 수 있다.
> [6영02-03] 주변 사람과 사물에 관해 쉽고 간단한 문장으로 묘사할 수 있다.
> [6영02-04] 주변 위치나 장소에 관해 쉽고 간단한 문장으로 설명할 수 있다.
> [6영02-05] 간단한 그림이나 도표의 세부 정보에 대해 묻거나 답할 수 있다.
> [6영02-06] 자신의 경험이나 계획에 대해 간단히 묻거나 답할 수 있다.
> [6영02-07] 일상생활 속의 친숙한 주제에 관해 간단히 묻거나 답할 수 있다.

(가) 학습 요소
- 알파벳, 낱말, 강세, 리듬, 억양
- 낱말, 어구, 문장
- 자기소개, 지시, 설명, 주변 사람, 사물, 주변 위치, 장소
- 인사, 일상생활 관련 주제, 그림, 도표, 경험, 계획

(나) 성취기준 해설
- '[6영02-03] 주변 사람과 사물에 관해 쉽고 간단한 문장으로 묘사할 수 있다.'는 가족이나 친구 등의 주변 사람과 좋아하는 사물과 같은 친숙한 대상에 관하여 한두 문장의 길이로 묘사하는 수준을 말한다.
- '[6영02-05] 간단한 그림이나 도표의 세부 정보에 대해 묻거나 답할 수 있다.'는 간단한 그림이나 도표를 보고 해당 그림이나 도표가 담고 있는 사실적 정보들에 대해서 묻거나 답하며 의미를 교환하는 능력을 기를 수 있는 수준을 말한다.
- '[6영02-07] 일상생활 속의 친숙한 주제에 관해 간단히 묻거나 답할 수 있다.'는 3~4학년군 말하기의 성취기준이 상향 조정된 것으로 예를 들면 물건 사기와 음식 주문하기 등 일상생활에서 빈번하게 쓰이는 표현을 적절하게 사용할 수 있는 수준이다. 물건 사기와 음식을 주문하는 표현과 함께 영어 문화권과 타 문화권 화폐의 종류를 소개하는 활동 등 관련된 문화 학습도 할 수 있으며 맥락 속에서 적절하게 묻고 답할 수 있는 수준을 말한다.

(다) 교수·학습 방법 및 유의 사항
- 듣고 따라 말하기, 묻고 답하기 등의 활동을 통해 듣기와 말하기 활동이 자연스럽게 연계되도록 지도하고 게임, 역할놀이 등의 활동을 통해 유창성을 기르도록 지도한다.

- 동작이나 그림을 보고 한 문장 이상으로 표현하는 활동을 하거나 문장 릴레이 등을 통해 학습자들이 말하기 활동에 대해 흥미를 가질 수 있도록 한다. 또한 학습자들이 자신이 좋아하는 물건을 보여주며 말하기 활동을 하게 할 수 있는데 이때 교사는 학습 동기를 자연스럽게 유발시켜 편안하게 말할 수 있는 분위기를 조성한다.
- 자기 가족이나 친구의 생김새, 옷차림, 직업이나 장래 희망에 대해 말하기와 자신이 살고 있는 집, 교실 및 학교 등을 묘사하는 활동을 게임이나 역할놀이 등과 연계하여 3~4학년군에서의 학습 활동을 발전시켜 유창성을 기를 수 있도록 한다.
- 초등학생이 관심을 가질만한 도표나 그림, 경험이나 계획, 친숙한 주제 등 적합한 내용을 선정하여 협동학습이나 과제수행, 프로젝트 학습 등의 활동을 계획해보도록 한다. 예를 들어 기차표나 비행기 표를 예약해야 하는 상황, 가족들과 여행을 계획해야 하는 상황 등을 제공하고 학습한 표현들을 질문하기와 대답하기를 통해 자연스럽게 발화해 볼 수 있게 한다.
- 교사는 듣고 말하기, 묻고 답하기 등의 활동을 통해 듣기와 말하기 활동이 자연스럽게 연계되도록 지도하되 의미 전달에 중점을 두고 학습자들의 흥미와 관심을 고려하면서 지도한다. 또한 학습자 개개인이 좋아하거나 관심을 갖는 활동과 학습자들의 일상 활동 등에 관한 질문과 대답을 할 수 있게 한다.

(라) 평가 방법 및 유의 사항
- 5~6학년군 말하기 평가의 내용과 수준은 5~6학년군 말하기 성취기준을 근거로 선정한다.
- 말하기 평가를 위한 채점 척도는 말하기 평가 원리에 의한 척도를 응용하거나 과업에 고유한 척도를 별도로 만들어 사용하고, 말하기 능력을 발현시키고 측정할 수 있는 다양한 발화 도출 기법을 사용한다.
- 진단평가를 통해 학습자들의 수준을 확인한 후 교수·학습 방법에 적용하도록 한다. 3~4학년군에서 학습한 말하기 능력이 학습자별, 학급별로 다양한 수준을 나타내므로 학습자의 능력에 대한 정확한 진단이 지도내용을 계획하고 지도방법을 결정하여 효과적인 교수·학습 활동을 하는데 중요한 역할을 한다. 학년 초와 학기 초, 단원 시작이나 차시 시작 부분에 적절한 진단평가가 실시되도록 한다.
- 말하기 평가는 과업의 성격 등을 고려하여, 학습자에게 발화를 위한 준비 시간을 적절히 주고 말하기 능력을 발현시킨 후 측정하도록 한다. 말의 속도, 발음, 학습한 어휘의 사용

정도를 점검할 수 있도록 간단한 문장으로 소개하기, 묘사하기, 설명하기 등과 같은 다양한 방법을 활용하여 평가한다.
- 말하기 평가는 실제 의사소통 상황과 유사한 언어 통합적인 평가 과업을 통해 실제적인 의사소통능력을 확인하도록 한다. 보고 말하거나 듣고 말하기, 읽고 간단하게 말하기 등의 제시 형태와 응답 형태를 가진 과업들을 평가 목표에 적절하게 활용한다.
- 구성원의 협력과 노력으로 과제수행이 이루어지는 협동학습을 통해 학습자들의 참여 정도와 의욕, 소집단 활동에서의 배려와 관용 등의 대인 관계 능력 등 학습자들의 정의적인 영역에 대한 평가도 고려한다.
- 말하기 능력의 평가로 관찰평가를 활용하도록 한다. 무엇을 어떻게 관찰할 지에 대한 관찰 내용과 관찰 계획을 수립하여 말하기 능력과 태도의 향상 정도도 점검한다. 효과적인 관찰을 위해 주요 내용을 기술하거나 체크리스트 등의 방법을 활용하며 일관성 있는 관찰을 위해 한 번 이상의 관찰을 하도록 한다.

(3) 읽기

초등학교 5~6학년군의 읽기 영역 성취기준은 문장을 읽고 이해하는 것을 기반으로 짧고 간단한 글을 읽고 의미를 이해하는 수준에 도달하도록 설정되었다. 따라서 학습자들은 그림이나 도표와 같은 시각적 보조 자료가 있는 짧은 글, 일상생활과 관련된 친숙한 주제에 대한 쉽고 짧은 글 등을 읽고 그에 대한 사실적 정보를 파악할 수 있으며, 더 나아가 쉽고 짧은 글을 읽고 줄거리나 목적을 파악할 수 있다. 학습자들이 5~6학년 읽기 영역 성취기준을 달성함으로써 3~4학년군에서 익힌 읽기 기초 의사소통능력을 계속 발전시키고, 영어에 대한 흥미와 관심을 지속시키며, 스스로 영어 학습을 할 수 있는 방법을 습득하여 영어 학습에 대한 자신감을 가질 수 있도록 한다. 또한 여러 가지 매체를 통하여 다른 언어에 대한 다양성을 이해하고, 다른 문화와 언어를 이해하며 포용하는 태도를 기를 수 있도록 한다.

[6영03-01] 쉽고 간단한 문장을 강세, 리듬, 억양에 맞게 소리 내어 읽을 수 있다.
[6영03-02] 그림이나 도표에 대한 쉽고 짧은 글을 읽고 세부 정보를 파악할 수 있다.
[6영03-03] 일상생활 속의 친숙한 주제에 관한 쉽고 짧은 글을 읽고 세부 정보를 파악할 수 있다.
[6영03-04] 쉽고 짧은 글을 읽고 줄거리나 목적 등 중심 내용을 파악할 수 있다.

(가) 학습 요소
- 알파벳 대소문자, 낱말의 소리, 철자
- 강세, 리듬, 억양
- 낱말, 어구, 문장
- 그림, 도표, 일상생활 관련 주제
- 줄거리, 목적

(나) 성취기준 해설
- '[6영03-01] 쉽고 간단한 문장을 강세, 리듬, 억양에 맞게 소리 내어 읽을 수 있다.'는 문장을 소리 내어 읽음으로써 영어의 발음, 강세, 리듬, 억양을 자연스럽게 익힐 수 있게 되는 것을 의미한다. 특히 이 성취기준에서는 문장을 읽고 그 의미를 이해하는 것을 요구하는 것이 아니라는 것에 유의해야 한다.
- '[6영03-03] 일상생활 속의 친숙한 주제에 관한 쉽고 짧은 글을 읽고 세부 정보를 파악할 수 있다.'는 '[6영03-02]'보다 글의 주제가 좀 더 다양하며 시각적 자료의 도움 정도가 약화된 성취기준이다. 글의 수준은 몇 개의 문장으로 구성된 쉽고 짧은 글이며 주제는 학습자가 일상생활 속에서 쉽게 접할 수 있는 것으로 선정한다. 주변에서 쉽게 접할 수 있으며 사실적 정보가 명확한 광고, 안내문, 메모, 감사 카드 등이 제재가 될 수 있다.
- '[6영03-04] 쉽고 짧은 글을 읽고 줄거리나 목적 등 중심 내용을 파악할 수 있다.'는 사실적 문자 정보에 대해 그 줄거리나 목적을 파악하는 수준을 말한다. 이 성취기준에서 다루는 글의 수준은 '[6영03-03]'보다 장르가 확대되어 다양하지만 초등학교 5~6학년 수준에 적절한 쉽고 짧은 글에 한정하며 소재는 학습자들에게 친숙한 것으로 줄거리가 명료하고 목적을 파악하기 쉬운 것으로 한다.

(다) 교수·학습 방법 및 유의 사항
- 다양한 자료를 활용하여 읽기의 즐거움을 느낄 수 있도록 지도하고 읽기 전 활동, 읽기 중 활동, 읽기 후 활동으로 나누어 단계별로 지도한다.
- 소리 내어 읽는 과정이 기계적이고 반복적인 연습만이 되지 않도록 다른 언어 기능과 통합하여 의미 있는 활동이 되도록 한다.
- 쉽고 짧은 글을 읽을 때에는 세부 정보를 파악하기 위해 사실적 이해를 바탕으로 수행할 수 있는 참과 거짓 문장 가리기, 퀴즈, 읽고 과제 완성하기 등의 활동을 적용할 수 있다.

초등학교 고학년 학습자의 인지적 특성을 고려하여 단순하게 사실적 정보를 확인하는 수준을 넘어 이해한 것을 바탕으로 인지 능력을 활용할 수 있는 창의적이고 흥미 있는 과제를 제시하여 흥미를 유발시키도록 한다.
- 글 수준의 읽기 단계에서 초등학생 수준에 알맞은 학습 전략을 활용하도록 지도하면 학습자들 스스로 읽기 능력을 향상시키는 데 효과적이다.
- 줄거리나 목적을 파악하기 위한 읽기는 쉽고 짧은 글을 읽고 대강의 줄거리 파악하기, 친숙한 이야기를 읽고 문장을 순서대로 배열하기, 글을 읽고 간단한 메모 작성하기 등의 다양한 학습 활동으로 구안하여 학습자들에게 흥미 있고 유의미한 활동이 되도록 한다.
- 학습자들 수준에 적합한 놀이나 게임을 활용하여 학습 효과를 높이되 지나치게 경쟁적인 게임은 오히려 역효과가 날 수 있으며 영어에 자신감이 부족한 학습자들이 소외될 수 있으므로 협동 활동을 다양하게 활용하도록 한다. 게임을 활용할 때에는 불예측성 및 불확실성을 적절히 활용하여 흥미와 학습 효과를 함께 거두도록 한다.
- 읽기 활동을 다른 언어 영역과 자연스럽게 통합이 되도록 구성하여 언어 습득에 긍정적인 효과를 거두도록 한다.

(라) 평가 방법 및 유의 사항
- 5~6학년군 읽기 평가의 내용과 수준은 5~6학년군 읽기 영역 성취기준을 근거로 선정한다.
- 읽기 평가는 평가 목적, 대상 및 방법에 따라 문자, 낱말, 어구, 문장, 문단 등 적절한 수준의 문자 언어 재료를 사용한다.
- 교수·학습 활동과 평가가 연계 되도록 하여 학습의 결과만이 평가 되지 않도록 한다.
- 사실적 이해 능력을 평가하는 문항을 주로 하되 학습자의 수준에 따라 추론적 이해 문항도 포함시킨다.
- 그림이나 도표에 대한 짧은 글을 읽고 세부 정보를 파악하는 평가는 사실적 내용을 파악하는 것에 중점을 둔다. 평가 방법으로는 지필 평가 외에도 글을 읽고 퀴즈에 답하기, 참과 거짓 문장 가리기, 글과 관련된 과제 완성하기 등으로 학습 활동 결과를 평가에 활용할 수 있다.
- 쉽고 짧은 글을 읽고 줄거리나 목적을 파악하는 평가는 글을 읽고 한두 문장으로 말하기, 글을 읽고 메모 작성하기 등 말하기와 쓰기 언어 영역과 통합적으로 실시할 수 있다.
- 의사소통상황 속에서 여러 언어 기능을 활용하는 통합적인 지도 과정을 반영하여 평가도

통합형 과제로 실시할 수 있다.
- 평가의 방법을 지필평가, 교사평가, 상호평가, 자기평가, 포트폴리오 등 다양하게 적용하도록 한다.

(4) 쓰기

초등학교 5~6학년군의 쓰기 영역 성취기준은 학습자들이 쉽고 간단한 낱말과 어구를 듣고 쓰며, 알파벳 대소문자와 문장 부호를 쓰고, 구두로 익힌 문장이나 예시문을 참고하여 간단한 글을 쓰며, 일상생활에 관한 짧고 간단한 글을 쓸 수 있도록 설정되었다. 학습자들이 5~6학년 쓰기 영역 성취기준을 달성함으로써 3~4학년군에서 익힌 쓰기 기초 의사소통능력을 계속 발전시키고, 영어에 대한 흥미와 관심을 지속시키며, 스스로 영어 학습을 할 수 있는 방법을 습득하여 영어 학습에 대한 자신감을 가질 수 있도록 한다. 또한 여러 가지 매체를 통하여 다른 언어에 대한 다양성을 이해하고, 다른 문화와 언어를 이해하며 포용하는 태도를 기를 수 있도록 한다.

[6영04-01] 소리와 철자의 관계를 바탕으로 쉽고 간단한 낱말이나 어구를 듣고 쓸 수 있다.
[6영04-02] 알파벳 대소문자와 문장부호를 문장에서 바르게 사용할 수 있다.
[6영04-03] 구두로 익힌 문장을 쓸 수 있다.
[6영04-04] 실물이나 그림을 보고 한두 문장으로 표현할 수 있다.
[6영04-05] 예시문을 참고하여 간단한 초대, 감사, 축하 등의 글을 쓸 수 있다.

(가) 학습 요소
- 알파벳 대소문자
- 구두로 익힌 낱말, 어구, 실물, 그림
- 문장부호, 구두로 익힌 문장
- 초대, 감사, 축하 글

(나) 성취기준 해설
- '[6영04-01] 소리와 철자의 관계를 바탕으로 쉽고 간단한 낱말이나 어구를 듣고 쓸 수 있다.'는 알파벳 쓰기 수준보다 한 단계 높은 단어를 듣고 쓰는 단계이며 학습자들이 낱말

이나 어구의 철자를 기계적으로 외우지 않고 소리와 철자의 관계를 바탕으로 유추해서 쓸 수 있는 단계를 의미한다.
- '[6영04-02] 알파벳 대소문자와 문장부호를 문장에서 바르게 사용할 수 있다.'는 영어의 표기법을 익히며, 문장 안에서 그 처음과 끝을 알파벳 대소문자와 문장부호를 통해서 바르게 표기할 수 있다는 것을 의미한다. 표정, 말의 억양, 강세 등을 사용하여 의사 전달을 명확하게 할 수 있지만 글에서는 의문이나 감탄의 표현 등을 기호를 사용하여 나타내므로 문장을 쓸 때에는 기호를 적절하게 쓰는 것이 중요하다는 것을 이해하고 바르게 사용할 수 있는 수준을 의미한다.
- '[6영04-05] 예시문을 참고하여 간단한 초대, 감사, 축하 등의 글을 쓸 수 있다.'는 학습자들이 예시문을 보면서 그대로 혹은 응용하여 실제 초대, 감사, 축하의 글을 써 볼 수 있는 단계이며 학습자들의 생활과 밀접한 연관이 있는 초대, 감사, 축하의 내용을 영어로 써 보게 함으로써 영어로 글 쓰는 것에 흥미를 붙일 수 있는 단계이다.

(다) 교수·학습 방법 및 유의 사항
- 쓰기는 듣기, 말하기, 읽기와 연계하여 지도하되, 쓰기 활동의 수준은 음성 언어 및 읽기 활동 수준보다 약간 낮게 구성할 수 있다. 이와 관련하여, 쓰기 활동에 사용되는 어휘 및 언어 형식 수준이 교육과정에서 요구되는 수준보다 높아지지 않도록 주의한다.
- 초기에는 반복적인 따라 쓰기, 통제 쓰기 등을 통해 쓰기에 대한 자신감을 증진하고, 점차 유의미한 쓰기 활동을 통해 쓰기의 가치와 즐거움을 알 수 있도록 지도한다.
- 듣고 쓰기에서는 소리와 철자 관계를 생각하며 써 보도록 유도하고, 학습자 스스로 철자 오류를 발견하고 수정할 수 있도록 다양한 교정적 피드백을 제공한다.
- 구두로 익힌 문장을 지도할 때 짧고 쉬운 문장부터 쓰게 하고, 표현이 쉬워도 단어의 구조가 어려운 것은 나중에 지도한다. 학습자들의 쓰기 능력이 신장되는 시기이므로 다양한 쓰기 활동을 활용하되 따라 쓰기, 보고 쓰기, 완성하여 쓰기, 듣고 쓰기의 순으로 점진적으로 수준이 높아지도록 한다. 특히 실물이나 그림과 같은 시각적 도움을 제공함으로써 학습자들이 영어로 문장을 쓰는데 있어서 인지적 부담감을 줄여 쓰기에 지속적으로 흥미를 가질 수 있도록 유도한다.
- 다양한 쓰기 과제와 협력적 글쓰기 활동을 통해 쓰기에 대한 흥미와 관심 및 학습자 상호 간의 협력을 유도하되 결과물로서 쓰기와 과정으로서의 쓰기를 모두 즐길 수 있도록 유도한다.

- 교사의 교정 및 학습자 상호간의 교정을 통해 알파벳 대소문자와 문장 부호 등 영어 표기법을 이해하고 바르게 쓸 수 있도록 지도할 수 있다. 예를 들면 단어와 단어 사이를 띄어 쓰는 것, 단어, 구, 문장에서 대문자와 소문자를 구별하여 쓰는 것 등을 익힐 수 있도록 지도하고, 문장의 첫 글자와 나(I)는 항상 대문자로 시작한다는 것을 지도한다. 또한 쉼표, 물음표, 따옴표 등 구두점의 사용을 바르게 할 수 있도록 지도한다. 학습 활동으로는 소문자로 된 문장을 고쳐 쓰기, 문장의 종류에 맞는 구두점 골라 쓰기, 각자 쓴 문장이나 글을 교환하여 대소문자, 문장부호, 띄어쓰기를 서로 고쳐주기 등이 가능하다.
- 영어의 표기법을 익히는 활동을 할 때 국어의 표기법과 공통점, 차이점을 비교하면서 학습하는 것도 효과적일 수 있다.
- 감사 카드나 생일 초대 카드는 생활 주변에서 익숙하게 접하는 쓰기 자료들이다. 학습자들의 수준에 맞는 카드를 양식에 맞게 써 보도록 한다. 학습 활동으로는 생일 카드 만들기, 스승의 날, 어버이날, 크리스마스 등 특별 행사에 맞는 카드를 만들고 영어로 적절한 말 쓰기 등, 학습자들의 수준에서 실생활과 관련된 쓰기 활동이 가능하다. 예시문을 제시하되 단순히 베끼거나 따라 쓰는 것을 넘어, 각자 쓰고 싶은 내용을 써보는 단계로까지 확장하고 필요 시 교사가 적절하게 도움을 주며 활동을 마무리 할 수 있도록 유도한다.
- 학습자가 쓰기의 과정을 충분히 즐길 수 있도록 계획 단계, 쓰기 단계, 수정 단계 혹은 쓰기 전 활동, 쓰기 중 활동, 쓰기 후 활동으로 구성하여 단계적으로 지도할 수 있다.

(라) 평가 방법 및 유의 사항
- 5~6학년군 쓰기 평가의 내용과 수준은 5~6학년군 쓰기 영역 성취기준을 근거로 선정한다.
- 쓰기 능력을 발현시키고 측정할 수 있는 다양한 쓰기 기법을 사용한다.
- 쓰기 평가를 위한 채점 척도는 일반 쓰기 평가 원리에 의한 척도를 응용하거나, 과업에 고유한 척도를 별도로 만들어 사용할 수 있다.
- 결과물로서의 쓰기뿐만 아니라 쓰기 과정에 대한 평가를 할 수 있도록 한다.
- 쓰기 평가의 과정에서 학습자가 자신의 쓰기 실력 향상을 위한 실질적인 도움을 받을 수 있도록 한다.
- 평가 과정 및 결과는 다음 수업의 교수 학습 개선을 위해 활용한다.
- 교사에 의한 관찰, 지필, 포트폴리오 등의 수행평가 외에 자기평가, 학생 상호평가 등 학습자들에 의한 평가를 부분적으로 반영하는 것도 고려할 수 있다.

[별표 1] 소재

> 일상생활과 친숙한 일반적인 화제를 중심으로 학습자들이 관심을 가지고 흥미를 느낄 수 있는 소재를 선택하되 학습자들의 의사소통능력, 탐구 능력, 문제 해결 능력 및 창의력을 기르는 데 도움이 되는 내용으로 한다.

1. 개인 생활에 관한 내용
2. 가정생활과 의식주에 관한 내용
3. 학교생활과 교우 관계에 관한 내용
4. 사회생활과 대인 관계에 관한 내용
5. 취미, 오락, 여행, 건강, 운동 등 여가 선용에 관한 내용
6. 동·식물 또는 계절, 날씨 등 자연 현상에 관한 내용
7. 영어 문화권에서 사용되는 다양한 의사소통 방식에 관한 내용
8. 다양한 문화권에 속한 사람들의 일상생활에 관한 내용
9. 우리 문화와 다른 문화의 언어적, 문화적 차이에 관한 내용
10. 우리의 문화와 생활 양식을 소개하는 데 도움이 되는 내용
11. 공중도덕, 예절, 협력, 배려, 봉사, 책임감 등에 관한 내용
12. 환경 문제, 자원과 에너지 문제, 기후 변화 등 환경 보전에 관한 내용
13. 문학, 예술 등 심미적 심성을 기르고 창의력, 상상력을 확장할 수 있는 내용
14. 인구 문제, 청소년 문제, 고령화, 다문화 사회, 정보 통신 윤리 등 변화하는 사회에 관한 내용
15. 진로 문제, 직업, 노동 등 개인 복지 증진에 관한 내용
16. 민주 시민 생활, 인권, 양성 평등, 글로벌 에티켓 등 시민 의식 및 세계 시민 의식을 고취하는 내용
17. 애국심, 평화, 안보 및 통일에 관한 내용
18. 정치, 경제, 역사, 지리, 수학, 과학, 교통, 정보 통신, 우주, 해양, 탐험 등 일반교양을 넓히는 데 도움이 되는 내용
19. 인문학, 사회 과학, 자연 과학, 예술 분야의 학문적 소양을 기를 수 있는 내용

[별표 2] 의사소통 기능과 예시문

1. 아래에 제시된 의사소통 기능과 예시문을 음성 언어 활동 및 문자 언어 활동의 필요에 따라 선별하여 활용할 것을 권장하며, 그 밖의 기능이나 문장도 사용할 수 있다.
2. △로 표시된 예시문은 초등학교에서 사용하기를 권장한다.
3. ( ) 안에 제시된 낱말이나 구는 생략이 가능한 것을 나타낸다.
4. X, Y 또는 …은 상황에 맞게 쓸 수 있는 낱말이나 구를 나타낸다.

1. 정보 전달하기와 요구하기

1.1. (정체) 확인하기와 상술하기
△ That's/It's/They're … .
△ Is this your … ?
The man over there is Mr. Kim.
The small one (with the blue buttons).
Ms. Anderson is the owner of the restaurant.

1.2. 진술하기와 보고하기
△ My sister is a nurse/… .
△ It's on the right/left.
△ I'm taller than … .
She runs as fast as … .
△ I met … (yesterday).
There is a store on the corner.
The train has left.
△ They will … .
He said the shop was closed.

1.3. 수정하기
△ No, it isn't.
△ (Sorry.) That's/It's not right.
△ (No,) this is MY bag.
(I think) you've made a mistake.

1.4. 질문하기
△ Do you have … ?
△ She's a teacher, isn't she?
△ Who is she?
△ What do you like?
△ Where do you live?
△ When is your birthday?
△ How much is it?
△ Whose notebook is this/that?
Which movie do you want to see?

1.5. 질문에 답하기
△ Yes, I do./No, I don't.
△ Yes, she is./No, she isn't. She's a … .
△ She's my friend.
△ I like ice cream.
△ In Busan.
△ August 15th.
△ It's two dollars.
△ It's Nancy's.
I want to see … .

(Because) ... .

2. 사실에 대한 태도 표현하기

2.1. 동의하기
△ Me, too.
△ Same here.
△ Okay!/Good!/Fine!/Great!
(Yes,) I agree.
That's a good idea.

2.2. 이의 제기하기
△ I don't think/believe so.
I don't agree/disagree (with you).
I'm against ... .

2.3. 동의나 이의 여부 묻기
△ What do you think?
Don't you agree?
Would/Do you agree with me?

2.4. 부인하기
△ (No,) I didn't.
△ That isn't true.
△ That's not right/correct.

3. 지식, 기억, 믿음 표현하기

3.1. 알고 있음 표현하기
△ I know (about) ... .
I heard/have heard (about) ... .
I've been told (about) ... .
I'm aware (of) ... .

3.2. 알고 있는지 묻기
△ Do you know (about) ... ?
Have you heard (about) ... ?
You know ... (, don't you)?
Are you aware (of) ... ?

3.3. 궁금증 표현하기
I'm curious about ... .
I wonder ... .
I'd be (very) interested to know ... .
Can someone tell me about ... ?

3.4. 모르고 있음 표현하기
△ I don't know.
△ I have no idea.
I haven't got a clue.

3.5. 기억이나 망각 표현하기
I (don't/can't) remember ... .
I (nearly/completely) forgot (about that).
I'll never forget ... .

3.6. 기억이나 망각 여부 묻기
(Do/Don't you) remember ... ?
I wonder if you remember ... .
You haven't forgotten about ...,
 have you?

3.7. 상기시켜 주기
Remember to ... .
Remind me to ... .
Don't forget to ... .

3.8. 확실성 정도 표현하기
△ I'm sure.
Are you sure/certain about ... ?
I have no doubt.
I'm (not) (quite/fairly/absolutely) sure/certain ... .
How sure are you that ... ?

4. 양상 표현하기

4.1. 가능성 정도 묻기
May/Can John ... ?
Is Mary likely to ... ?
Is it probable/likely/possible/ impossible that ... ?

4.2. 가능성 정도 표현하기
... may/can be changed.
Perhaps/Possibly/Maybe they will ... .
They should/ought to ... .
It is probable/likely/possible/ impossible that ... .

4.3. 의무 여부 묻기
Must I ... ?
Do I (really) have/need to (...) ?
Is it necessary to ... ?

4.4. 의무 표현하기
You have to/must ... .
You should/ought to ... .
It is required to ... .
You're expected to ... .

4.5. 의무 부인하기
I don't have to ... .
I don't need to ... .
There's no reason why I should ... .

4.6. 허가 여부 묻기
△ May/Can I ... ?
Is it all right/okay if ... ?
Do you mind if ... ?
I wonder if I could ... .

4.7. 허가하기
△ (Yes,) you may/can ... .
△ Of course.
△ Sure./Okay./All right.
I don't mind (at all).

4.8. 불허하기
△ No, you can't.
You must not/may not ... .
(I'm afraid) it's/that's not possible.
You're not allowed/supposed to ... .

4.9. 능력 여부 묻기
△ Can you ... ?
Do you know how to ... ?
Are you good at ... ?

4.10. 능력 표현하기
△ (Sure/Yes,) I can ... .
I was able to ... .
I know how to ... .
I'm (pretty) good at ... .

4.11. 능력 부인하기
△ I can't ... .
I don't know how to ... .
I'm not good at ... .

5. 의지 표현하기

5.1. 바람, 소원, 요망 표현하기
△ I want (to) ... .
△ I'd like ... .
I look/am looking forward to ... .
I wish I could ... .

5.2. 바람, 소원, 요망에 대해 묻기
△ Do you want (to) ... ?
△ Would you like ... ?
Do you wish (you could) ... ?
Are you looking forward to ... ?

5.3. 의도 표현하기
I'll ... .
I'm going to ... .
I'm thinking of ... .
I'm planning to ... .

5.4. 의도 묻기
Will you ... ?
Are you going to ... ?
Are you thinking of ... ?
Are you planning to ... ?

6. 감정 표현하기

6.1. 기쁨 표현하기

△ That's great!
△ I'm/I feel (very/so) happy/glad.
I'm (very) glad/delighted to ... .

6.2. 슬픔 표현하기
△ How sad.
△ I'm/I feel (very/so) sad/unhappy.
That makes me (really) sad.

6.3. 기쁨이나 슬픔에 대해 묻기
△ Are you happy/sad?
△ Are you all right?
How are you feeling?

6.4. 슬픔, 불만족, 실망의 원인에 대해 묻기
△ What's wrong?
What's the matter?
Why are you sad/disappointed?

6.5. 낙담 위로하기
△ Don't worry.
△ (Come on!) Cheer up!
Things will be better (soon).
Don't be disappointed/discouraged.

6.6. 유감이나 동정 표현하기
△ That's too bad.
I'm (so/very) sorry to hear ... .
That's a pity/shame.

6.7. 희망, 기대 표현하기
I hope ... .
I'm looking forward to ... .

I can't wait for ... .

6.8. 실망 표현하기
I'm/I feel (very) disappointed.
That's very disappointing.
What a pity/shame!

6.9. 걱정, 두려움 표현하기
I'm worried (about ...).
I'm (rather) worried/anxious (about ...).
I'm scared/frightened/terrified (to ...).

6.10. 걱정, 두려움 묻기
Are you afraid/scared/frightened of ... ?
Are you worried/concerned/anxious about ... ?

6.11. 안심시키기
Don't be frightened.
(I'm sure) everything will be okay/all right.

6.12. 안도감 표현하기
That's a relief.
What a relief!
Thank goodness.
I'm relieved/glad to hear ... .

6.13. 좋아하는 것 표현하기
△ I like/love (to) ... .

I enjoy ... (very much).
... is (very) good/nice/pleasant.

6.14. 싫어하는 것 표현하기
△ I don't like (to) ... .
I hate (to) ... .

6.15. 좋아하는 것 또는 싫어하는 것 묻기
△ Do you like ... ?
△ What do you like?
What's your favorite ... ?

6.16. 선호 표현하기
I prefer X to Y.
I('d) prefer (to) ... (if possible).
I think X is better than/preferable to Y.

6.17. 선호에 대해 묻기
Which do you prefer?
Do you prefer X to/or Y?
Do you like X better/more than Y?

6.18. 만족 표현하기
△ Good!/Fine!/Excellent!
I'm (very) satisfied.
That'll do.

6.19. 불만족 표현하기
I'm not satisfied/happy (with ...).
That won't do.
This won't work.

6.20. 만족이나 불만족에 대해 묻기
Are you satisfied/happy (with ...)?
How do you like/find ... ?
Is this what you want(ed)/need/
  meant/had in mind?

6.21. 불평하기
It's not fair.
I'm not happy about ... .
I want to complain about ... .
You can't possibly ... .

6.22. 화냄 표현하기
 △ I'm/I feel angry.
I'm (rather/quite/very) upset/
  annoyed (about ...).
I can't stand ... .
... is (very) annoying/irritating.

6.23. 화냄에 응대하기
Calm down!
Don't get so angry/worked up!
There's nothing to get angry
  about.

6.24. 관심 표현하기
I'm interested in ... .
... interests me (a lot/greatly).
I'm fascinated by ... .
  How interesting!

6.25. 무관심 표현하기
I'm not (very) interested in ... .

I don't have any/much interest
  in ... .
How boring!

6.26. 관심에 대해 묻기
Are you interested in ... ?
What are you interested in?
Do you find X interesting?

6.27. 놀람 표현하기
 △ What a surprise!
That's/It's surprising!
I (just) can't believe this.
I'm surprised that ... .

6.28. 놀람 여부 묻기
Were you surprised?
Does that surprise you?
Are you surprised that ... ?

7. 도덕적 태도 표현하기

7.1. 도덕적 의무 표현하기
You should/ought to ... .
It's right/wrong to ... .
You must ... .
You have to/have got to ... .
You're supposed to ... .

7.2. 승인하기
 △ (Very) good.
 △ That's fine/excellent.
 △ Well done!

You were (quite) right to ... .

7.3. 거부하기
△ That's/It's not (very) good/nice.
You shouldn't/oughtn't to have done that.
I don't/can't approve (of ...).
You ought to be ashamed (of yourself).

7.4. 승인이나 거부 여부 묻기
△ How's this?
What do you think of ... ?
How do you find ... ?
Do you approve (of) ... ?

7.5. 비난을 하거나 수용하기
It's (all) your fault.
You're to blame.
It's (all) my fault.
It's (all) because of you.

7.6. 비난 거부하기
It isn't/wasn't my fault.
Don't blame me.
It was a(n honest) mistake.

7.7. 사과하기
△ (I'm so/very) sorry (about that).
Please forgive me.
I apologize.

7.8. 사과 수용하기
△ Not at all.
△ (That's/It's) okay.
△ Forget it.
△ It doesn't matter.
No problem.
Never mind.

8. 설득·권고하기

8.1. 제안·권유하기
△ Let's ... .
△ What/How about ... ?
Why don't we/you ... ?
Can you make it (at ten)?
You'd better ... .
(I think) you should/ought to ... .
Would you like (me) to ... ?
I suggest (that) we ... .

8.2. 도움 제안하기
△ Can I help you?
Let me help you.
Can I give you a hand?

8.3. 요청하기
△ (Please,) open the door.
Can you ...(, please)?
Could I ask you to ... ?
Do/Would you mind closing the window?

8.4. (도움) 제안, 권유, 요청에 답하기
△ Yes!/Okay!
△ Sure!/All right!
△ No problem.
△ (That) sounds good.
△ Sorry ..., but ... .
△ No, thank you.
Thank you, but ... .
(I'm) sorry but I can't.
I'm afraid I can't ... .

8.5. 충고하기
(I think) you should/ought to ... .
Why don't you ... ?
You'd better ... .
If I were you, I'd ... .

8.6. 충고 구하기
Do you think I should ... ?
Can I get your advice on ... ?
What would you do if ... ?

8.7. 경고하기
△ Don't ... .
△ Be careful.
△ Watch/Look out (for ...)!
Make sure you don't ... .

8.8. 허락 요청하기
△ May/Can I ... (, please)?
Let me ... .
Do you mind if ... ?
Would it be possible ... ?

I was wondering if I could ... ?

8.9. 허락 요청에 답하기
△ Yes./Okay./All right.
△ Sure./Of course.
△ (Yes,) you can.
△ (No,) you can't.
Not at all.
(I'm afraid) that's/it's not possible.

8.10. 금지하기
△ Don't ... .
You mustn't/can't/shouldn't ... .
You'd better not ... .

9. 사교활동 하기

9.1. 주의 끌기
△ Hey!
△ (Oh,) look/listen.
May I have your attention(, please)?

9.2. 만날 때 인사하기
△ Hi!/Hello!
△ Good morning/afternoon/evening.
Good/Nice to see you (again)!
How do you DO?
How do YOU do?

9.3. 안부 묻기
△ How are you (today)?
△ How's it going?

How are you doing?
What's up?
How have you/things been?

9.4. 안부 묻기에 답하기
△ (I'm) okay (, thanks/thank you).
△ (I'm) fine/very well (, thanks/thank you).
△ Not (too/so) bad (, thanks/thank you).

9.5. 제삼자에게의 안부 부탁하기
Say hello to ... (for me).
Please give my regards to ... .
Remember me to ... .

9.6. 호칭하기
△ Mr./Miss/Mrs./Ms. ...
Doctor/Professor/Director Brown.
How/What do you want me to call you?

9.7. 자기소개하기
△ I'm ... .
△ My name is ... .
Let me introduce myself (to you).
I'm ... .

9.8. 다른 사람 소개하기
△ X, this is Y.
I'd like you to meet ... .
I'd like to introduce ... .

9.9. 소개에 답하기
△ (It's) nice/good to meet you.
(I'm) (very) pleased to meet you.
It's a pleasure to meet/meeting you.
I've been looking forward to meeting you.

9.10. 소개가 필요한지 묻기
Do you know each other?
Have you already met ... ?
I think you (two) know/have met each other, don't/haven't you?

9.11. 환영하기
△ Welcome!
Glad you're here.
Glad you could come.

9.12. 음식 권하기
△ (Please) help yourself.
△ Please go ahead.
Please try some ... .
Would you like some ... ?
Do you want some more ... ?

9.13. 음식 권유에 답하기
△ (Yes,) thanks/thank you.
△ Yes, please.
△ No, thanks/thank you. (I'd rather have some ... .)
That would be very nice.
Thanks, it/everything looks delicious.

부록 151

9.14. 감사하기
△ Thanks (a lot)/Thank you (very/so much).
Thanks for ... .
I (really) (do) appreciate your help/ what you've done.

9.15. 감사에 답하기
△ Sure.
△ You're welcome.
△ No problem.
△ (It was) my pleasure.
Don't mention it.

9.16. 축하, 칭찬하기
△ Congratulations (on ...)!
△ (Very) good!
△ Good (for you)!
△ What a nice ... !
△ How ... she is!
△ Great!/Excellent!
(You did a) good (work/job)!
How ... she is!

9.17. 격려하기
△ You can do it!
Don't give up!
That's all right. (You'll do better next time).

9.18. 축하, 칭찬, 격려에 답하기
△ Thanks/Thank you (very much).
△ You, too!

I'm glad you like ... .
How nice (of you)!

9.19. 기원하기
△ Happy birthday/New Year/... !
△ Good luck (with your .../the ...)!
△ Have a good/nice ... !
I'll keep my fingers crossed!
I hope/wish ... .

9.20. 헤어질 때 인사하기
△ Bye(-bye).
△ Goodbye.
△ Take care.
△ (Have a) nice day/good night.
△ See you (later/again/tomorrow).

10. 담화 구성하기

10.1. 주제 소개하기
(Now) let's talk about ... .
I'd like to say something about ... .
I'd like to tell you what ... .

10.2. 의견 표현하기
△ (Well,) I think/feel/believe ... .
It seems to me ... .
In my view/opinion, ...

10.3. 의견 묻기
What do you think (of/about ...)?
How do you feel about ... ?
What is your view/opinion?

10.4. 열거하기
First ... . Second ... . Third ... .
First ..., then ..., then ... .

10.5. 강조하기
It is important to/that ... .
I want to stress ... .

10.6. 정의하기
X/This means ... .
The meaning of X/this is ... .

10.7. 요약하기
In short, ...
In brief, ...
To sum up, ...

10.8. 주제 바꾸기
By the way, ...
Let's move on to ... .
I'd like to say something else ... .

10.9. 이해 상태 나타내기
△ I see.
△ I (don't) understand.
It (still) isn't clear to me what this means.

10.10 대화에 끼어들기
△ Excuse me.
Can I say something?
Can I interrupt you for a moment?

10.11. 전화를 하거나 받기
△ Hello?
(This is) ... (speaking/here).
May/Can I speak to ..., please?
Who's calling, please?
Could you put me through to ..., please?
Just a moment, please.
Can I leave/take a message?
(Sorry, but) can I call you back?

11. 의사소통 개선하기

11.1. 천천히 말해 달라고 요청하기
△ Too fast.
△ Slow down (, please).
(Can you speak) more slowly, please?

11.2. 반복 요청하기
△ (I'm) sorry?
△ What (did you say)?
△ (I beg your) pardon?
(Sorry/I'm afraid) I don't know what you mean/meant.
Would you say that again(, please)?

11.3. 반복해 주기
△ (I said) X.
I said that ... .
What I said was X.

11.4. 확인 요청하기
△ Did you say X?
△ Are you sure?
Do/Did you mean ... ?
He lives in Seoul, doesn't he?

11.5. 설명 요청하기
△ What is X (exactly)?
What do you mean by X?
Could you explain ... ?

11.6. 철자·필기 요청하기
△ How do you spell ... ?
Could you spell that, please?
Could you write that down (for me), please?

11.7. 철자 알려주기
△ B-A-G.
'Bag' is spelt B-A-G.
It's spelt with a capital 'P'.

11.8. 표현 요청하기
△ What is X (in English)?
Do you say ... (or ...)?
I don't know how to say it.
How would/do you say this in English/Korean?

11.9. 표현 제안하기
△ X.
Do you mean X?
I think you mean ... ?
In English/Korean we say ... .

11.10. 이해 점검하기
△ Do you understand?
Do you see/know what I mean?
Is this/everything clear (now)?

11.11. 오해 지적해 주기
(No,) I mean Y (not X) ... .
(I'm afraid) that's wrong/not right.
That's not (exactly) what I meant to say.

11.12. 생각할 시간 요청하기
Let me see/think.
Just a moment (while I think).
May I think about that for a moment?

[별표 3] 어휘

기본 어휘 관련 지침

1. 각 학년군에서 사용할 수 있는 새로운 어휘 수는 다음과 같다.
   초등학교 3~4학년군 : 240 낱말 내외
   초등학교 5~6학년군 : 260 낱말 내외
   　　　　　　　　(누계 : 500 낱말 내외)

2. '1'항의 '낱말 내외'와 관련해서는, '5% 범위 이내에서 가감하여 사용할 수 있음'을 의미한다. 초등과정과 중학교, 고등학교 일반 선택 과목까지는 기본 어휘 목록에 제시된 어휘 중에서 학년별 또는 학년군별 권장 어휘수의 90% 이상을 학습할 것을 권장하며 고등학교 진로 선택 및 전문 교과Ⅰ부터는 학년별 권장 어휘 수의 80% 이상을 학습할 것을 권장한다.

3. 기본 어휘 목록에는 대표형만 제시하고, 대표형은 굴절 및 파생의 변화형을 포함한다. 단, 빈도수가 높고 학습에 필요한 일부 변화형은 기본 어휘 목록에 제시한다.

　<굴절 및 파생 변화형 예시>
　write(writes, wrote, written, writing)
　be(am, are, is, was, were, been, being)
　have(has, had, having)
　book(books, booked, booking)
　foot(feet)
　leaf(leaves)
　tall(taller, tallest)
　they(their, them, theirs, themselves)
　teach(teaches, taught, teaching, teacher)
　tour(tourist)

soft(softly, softness)

happy(happily, happiness, unhappy)

4. 동일어의 의미 변화 및 문법 기능상 차이가 있는 경우는 원칙적으로 한 개의 낱말로 간주한다.

back [adv, n, v]

bat [n, v]

change [n, v]

close [adj, adv, v]

flat [adj, n]

head [n, v]

kind [adj, n]

present [n, v]

5. 인명, 지명, 국가명 등 고유 명사, 기수, 서수, 로마자화된 우리말 단어, 알파벳, 달과 요일명, 계절명, 호칭, 무게, 돈, 길이 등 단위를 지칭하는 단어는 새로운 어휘로 간주하지 않는 것을 원칙으로 한다. 단 다른 의미로 활용이 가능한 'hundred', 'thousand', 'million' 등과 같은 단위명은 제외한다.

Seoul, Jeju

two, three, four

first, second, fourth

January, February, March

Monday, Tuesday, Sunday

Spring, Summer, Autumn, Winter

Mr., Ms., Ma'am

pound, gram, liter

dollar, cent, euro

meter, yard, mile

6. 생활 주변에서 흔히 사용하고 있는 아래의 낱말들은 외래어 가운데 학년별로 50단어씩 사용가능하며 이는 새로운 어휘로 간주하지 않는다.

alarm, album, alcohol, amateur, ambulance, apartment, arch, bacon, badminton, bag, banana, belt, bench, biscuit, bonus, box, bus, butter, cabinet, cake, calcium, camera, camp, campaign, campus, card, carol, carpet, catalogue, center, champion, channel, chart, cheese, chicken, chocolate, click, coat, coffee, comic, computer, course, court, crayon, cream, cup, data, diamond, diet, disc, doughnut, drama, dress, drill, drum, echo, elevator, elite, energy, essay, event, fashion, feminist, fence, festival, fiction, film, fork, gallery, game, gas, golf, gown, graph, guard, guitar, gum, hamburger, harmony, highlight, hint, hormone, hotel, image, interior, internet, interview, issue, jacket, jam, jazz, juice, jump, kangaroo, kiss, kiwi, laser, league, lemon, lobby, magic, manual, marathon, market, mask, medal, media, melon, member, menu, message, model, motor, mystery, news, notebook, okay, opera, orange, oven, page, panda, parade, partner, party, pen, percent, piano, pie, pilot, pipe, pizza, plastic, plug, program, project, quiz, radio, recreation, rehearsal, ribbon, robot, rocket, rugby, salad, sample, sandwich, sauce, scarf, scenario, schedule, section, seminar, service, set, shirt, skate, sketch, ski, snack, soup, spaghetti, sponsor, sport, spray, spy, staff, star, steak, stereo, studio, style, sweater, tank, taxi, team, technique, technology, television, tennis, tent, terror, ticket, toast, tomato, topic, towel, track, truck, vaccine, veil, video, villa, violin, virus, vision, waiter, website, wine, yacht (200개)

7. 기본 어휘 목록에 제시한 어휘는 모두 3,000개이며, 어휘 뒤에 *표를 한 어휘는 800개로 초등과정에서 사용하기를 권장하고 **표를 한 어휘는 400개로 진로 선택 및 전문 교과Ⅰ에 사용하기를 권장한다.

기본 어휘 목록

A

a *
abandon
able
aboard
abort **
about *
above *
abroad
absent
absolute
absorb
abstract
absurd **
abundant
abuse
academy *
accelerate
accent *
accept
access
accident *
accommodate
accompany
accomplish
accord **
account
accumulate **
accurate
accuse
achieve

acid
acknowledge
acquaint **
acquire
acquisition **
across *
act *
activate
actual
acute
adapt
add *
addict
address *
adequate
adjust
administer
admire
admission
admit
adolescent
adopt
adult *
advance
advantage
adventure *
adverse **
advertize / advertise
advise *
advocate
aesthetic **
affair
affect

affection
affiliate **
afford
afraid *
after *
afternoon *
again *
against *
age *
agency
agenda
agent
aggressive
ago *
agree *
agriculture
ahead *
aid
aim
air *
airplane * / plane /
aeroplane
aircraft
airline *
airport *
aisle
alert
alien
alike
alive
all *
allocate **
allow

ally	anticipate	ask *
almost *	anxiety	asleep
alone *	anxious	aspect
along *	any *	aspire
alongside	apart	assault **
aloud *	apology	assemble
already *	apparent	assert
alright *	appeal	assess
also *	appear	asset
alter	apple *	assign
alternative	applicant	assist
although	apply	associate
altogether	appoint	assume
always *	appreciate	assure
A.M. / a.m. *	approach	astonish
amaze	appropriate	at *
ambassador	approve	athlete
ambition	approximate	atmosphere
among	architect	atom
amount	architecture	attach
amplify **	archive **	attack
amuse	area *	attain
analyze / analyse	argue	attempt
anchor	arise	attend
ancient	arm *	attention
and *	army	attitude
angel *	around *	attorney **
anger *	arrange	attract
angle	arrest	attribute
animal *	arrive *	auction
anniversary	arrow	audience
announce	art *	aunt *
annoy	article	authentic **
annual	artificial	author
another *	as *	autobiography
answer *	ash	automatic
ant *	aside	automobile

available
avenue
average
avoid
await
awake
award
aware
away *
awesome
awful
awkward

B

baby *
back *
background *
bad *
bake *
balance
ball *
balloon *
ban
band *
bang
bank *
bankrupt **
bar
bare
bargain
bark
barn
barrier
base *
baseball *
basic *

basis
basket *
basketball *
bat *
bath *
bathroom *
battery *
battle *
bay
be *
beach *
beam
bean *
bear *
beard
beast
beat
beauty *
because *
become *
bed *
bedroom *
bee *
beef *
beer
before *
beg
begin *
behalf
behave
behavior / behaviour
behind *
believe *
bell *
belong
below *
bend

beneath
benefit
berry
beside *
bet
betray
between *
beyond
bias
bible
bicycle *
big *
bill *
billion
bin
bind
biography
biology
bird *
birth *
birthday *
bishop **
bit
bite *
bitter
black *
blame
blank
blanket
blast **
blend
bless
blind
blink
block *
blonde
blood *

bloom
blossom
blow
blue *
board *
boat *
body *
boil
bold
bomb *
bond
bone *
book *
boom
boost
boot *
border
bore
borrow *
boss *
both *
bother
bottle *
bottom *
bounce
boundary
bow
bowl *
boy *
brain *
brake *
branch *
brand *
brave *
bread *
break *
breakfast *

breast
breathe
breed **
breeze
brew **
brick
bride
bridge *
brief
bright *
brilliant
bring *
broad
broadcast
brother *
brown *
brush *
brute **
bubble *
budget
bug *
build *
bulk **
bull
bullet
bully
bump
bunch
bundle
burden
burn *
burst
bury
bush
business *
busy *
but *

butcher
button *
buy *
buzz
by *

cab
cabin
cable
cage *
calculate
calendar *
call *
calm *
can *
cancel
cancer
candidate
candy *
canvas
cap *
capable
cape
capital
captain *
caption **
capture
car *
care *
career
carrot *
carry *
cart *
carve
case *

cash *	chat	classroom *
cast	cheap *	clause
castle *	check / cheque *	clay
casual	cheek	clean *
cat *	cheer	clear *
catch *	chef	clerk *
category	chemical	clever *
cater **	chemistry	client
cathedral **	chest	cliff
cattle	chew	climate
causal	chief	climb *
cause	child *	cling
caution	chill	clinic
cave	chin	clip *
cease	chip	clock *
ceiling	choir	close *
celebrate	choose *	cloth *
celebrity	chop	cloud *
cell	chorus	club *
censor	chronic **	clue
century	church *	cluster
certain *	cigarette	coach
certificate	cinema *	coal
chain *	circle *	coast
chair *	circulate	code
chairman	circumstance	coin *
challenge	cite	coincide
chamber **	citizen	cold *
chance *	city *	collaborate
change *	civil	collapse
chaos	claim	collar
character	clap	colleague
characteristic	clarify	collect *
charge	clash	college *
charity	class *	colony
charm	classic	color / colour *
chase	classify	column

combat
combine
come *
comedy *
comfort
command
commence **
comment
commerce
commission
commit
committee
commodity **
communicate
communist
community
companion
company *
compare
compatible **
compel **
compensate **
compete
competent
compile **
complain
complement
complete
complex
complicate
component **
compose
compound **
comprehensive
comprise **
compromise **
compulsory **

conceal
conceive **
concentrate
concept
concern
concert *
conclude
concrete
condemn **
condition *
conduct
confer **
confess
confident
confine
confirm
conflict
conform
confront
confuse
congratulate *
congress
connect
conscience
conscious
consensus **
consent **
conserve **
consider
consist
consistent
constant
constitute **
constrain **
construct
consult
consume

contact
contain
contemporary **
contend **
content
contest *
context
continent
continue
contract
contradict **
contrary
contrast
contribute
control *
controversy
convenient
convention **
conversation
convert **
convey
convict
convince
cook *
cookie / cooky *
cool *
cooperate
coordinate **
cop
cope
copy *
copyright
cord
core
corn
corner *
corporate

부록 163

correct
correspond
corridor **
corrupt
cost *
costume
cottage
cotton *
couch
cough
could *
council
counsel
count
counter
counterpart **
country *
countryside *
county **
couple *
courage
cousin *
cover *
cow *
cowboy
crack
craft
crash
crawl
crazy *
create
creature
credible
credit
creek **
creep **
crew

cricket
crime
criminal
crisis
crisp
criteria **
critic
criticize / criticise
criticism
crop
cross *
crowd *
crown *
crucial
cruel
cruise
crush
cry *
crystal
cultivate
culture *
cupboard
cure
curious *
curl
currency **
current
curriculum **
curry
curse **
curtain *
curve
custody **
custom
customer *
cut *
cute *

cycle *
cynical **

D

dad *
dairy
dam
damage
damp
dance *
danger *
dare
dark *
darling
dash
database
date *
daughter *
dawn
day *
dead *
deal
death *
debate
debt
decade
decay
decent **
decide *
decision
deck
declare
decline
decorate
decrease
dedicate **

deep *
defeat
defense / defence
defend
defendant
deficiency **
deficit **
define
definite
degrade **
degree
delay
delegate **
delete
deliberate **
delicate
delicious *
delight
deliver
demand
democracy
democrat
demon
demonstrate
dense
dentist *
deny
department
departure
depend
dependence
depict **
deposit **
depress
deprive **
derive
descend

describe
description
desert
deserve
design *
designate **
desire
desk *
despair
desperate
despite
destination
destiny
destroy
destruction
detach
detail
detect
determine
develop
device
devil
devise
devote
diabetes **
dialogue / dialog *
diary *
dictate **
dictionary
die *
different *
difficult *
dig
dignity **
dimension **
diminish
dine **

dinner *
dip
diplomat
direct
dirty *
disabled
disadvantage
disagree
disappear
disappoint
disaster
discharge **
discipline
disclose
discount
discourse **
discover
discriminate **
discuss *
disease
disgust
dish *
dismiss
disorder
displace **
display
dispose
dispute **
disrupt **
distant
distort **
distract
distribute
district
disturb
dive
diverse

divide *
divine **
divorce
do *
doctor *
document
dog *
doll *
dolphin *
domain
domestic
dominant **
donate
door *
dose **
dot
double *
doubt
down *
dozen
draft **
drag
drain **
draw *
drawer
dread **
dream *
drink *
drive *
drop *
drown
drug
dry *
dual **
duck *
due
dull

dump
during *
dust
duty
dwell
dynamic

E

each
eager
ear *
early *
earn
earth *
ease
east *
easy *
eat *
economy
edge
edit
educate
effect
effective
efficient
effort
egg *
either
elaborate **
elect
electric
electronic
elegant
element
elementary *
elephant *

eliminate
else
embarrass
embassy
embrace **
emerge
emergency
emit **
emotion
emphasis
empire
employ
empty
enclose
encounter
encourage
end *
endure
enemy
enforce **
engage
engine *
engineer *
enhance
enjoy *
enormous
enough *
enroll / enrol **
ensure
enter *
enterprise
entertain
enthusiastic
entire
entitle **
entry
envelope

environment
envy
episode
equal
equate **
equipment
era
eraser *
erect **
error *
escape
escort
especially
essential
establish
estate **
estimate
etc / et cetera
ethical **
ethnic **
evacuate **
evaluate
eve
even
evening *
eventually
ever
every *
evident
evil
evolution
evolve
exact
exaggerate
exam * / examination
examine
example *

exceed
excellent
except
excess
exchange
excite
exclude
exclusive **
excuse
executive **
exercise *
exhaust
exhibit
exist
exit *
exotic
expand
expect
expense
expensive
experience
experiment
expert
expertise **
explain
explicit **
explode
explore
export
expose
express
extend
extent
external
extinct
extra
extract **

extraordinary **
extreme
eye *
eyebrow

fabric
face *
facilitate **
facility
fact *
factor
factory *
faculty **
fade
fail *
faint
fair
faith
fall *
false
fame
familiar
family *
famous *
fan *
fancy
fantastic *
far *
fare
farm *
fascinate
fast *
fasten
fat *
fatal **

fate	fix *	foreign
father *	flag *	forest *
fault	flame	forever *
favor / favour	flash	forget *
favorite / favourite *	flat	forgive
fear	flavor / flavour	form *
feature	flaw	formal
federal **	flee **	format
fee	flesh	formation
feed	flexible	former
feel *	flight	formula **
fellow	flip **	forth
female	float	fortunate
ferry	flock	fortune
fertile **	flood	forum
fever *	floor *	forward
few	flourish	foster **
fiber / fibre	flow	foundation
field *	flower *	fountain
fierce	fluid **	fox *
fight *	flush **	fraction **
figure	fly *	frame
file *	focus *	framework
fill *	fog *	frankly
filter	fold	free *
final	folk	freeze
finance	follow	frequent
find *	fond **	fresh *
fine *	food *	friend *
finger *	fool *	fright
finish *	foot *	frog *
finite	football *	from *
fire *	for *	front *
firm	forbid	frost **
fish *	force	frown
fist	forecast	fruit *
fit	forehead	frustrate

fry *
fuel
fulfil
full *
fun *
function
fund
fundamental
funeral
fur
furious **
furnish **
furniture
furthermore
fuse **
future *

G

gain
gamble
gang
gap
garage
garden *
gasoline / petrol **
gate *
gather
gaze **
gear
gender
gene
general
generate **
generation
generous
genius
genre
gentle
gentleman *
genuine
geography
geology
gesture *
get *
ghost *
giant *
gift *
giraffe *
girl *
give *
glad *
glance
glare **
glass *
glimpse **
global
glory
glove *
glow
glue *
go *
goal *
goat
god *
gold *
good *
goodbye *
goods
gorgeous
govern
grab
grace
grade
gradual
graduate
grain
grand
grandfather *
grant
grape *
graphic
grasp **
grass *
grateful
grave
great *
greed
green *
greet
grey / gray *
grief
grip
grocery
gross **
ground *
group *
grow *
guarantee
guardian **
guess *
guest
guide *
guideline
guilty
gulf **
gun
guy *
gymnasium / gym

H

habit *
habitat **
hair *
half
hall
halt **
hammer
hand *
handicap
handle
handsome *
hang *
happen
happy *
harbor / harbour
hard *
hardly
harm
harsh
harvest
haste
hat *
hate *
haunt **
have *
hazard
he *
head *
headache *
headquarters **
heal
health
hear
heart *
heat *
heaven *
heavy *
heel
height
heir **
helicopter *
hell
hello / hey / hi *
help *
hence **
here *
heritage **
hero *
hesitate
hide
high *
highway
hill *
hip
hire
history *
hit *
hobby *
hold *
hole
holiday *
holy
home *
homework *
honest *
honey *
honor / honour
hook **
hope *
horizon
horn **
horror
horse *
hospital *
host
hostage **
hostile **
hot *
hour *
house *
household
how *
however *
hug
huge
human *
humor / humour *
hundred *
hungry *
hunt *
hurry *
hurt
husband *
hut
hypothesis **

I

I *
ice *
idea *
ideal
identical
identify
ideology **
if *
ignore
ill
illusion **

illustrate
imagine
imitate
immediate
immense **
immigrate **
immune
impact
imperial
implement **
imply **
import
important *
impose **
impress
improve
in *
incentive
incident
incline **
include
income
incorporate **
increase
incredible
indeed
independent
index **
indicate
individual
induce **
industry
inevitable **
infant
infect **
infer **
inflate **

influence
inform
informal
ingredient
inhabit
inherent **
inhibit **
initial
initiate
inject
injure
inn
innocent
innovate
input
inquire / enquire **
insect
insert
inside *
insight
insist
inspect
inspire
install
instance
instant
instead
instinct
institute
instruct
instrument
insult
insure
integrate **
intellectual
intelligent
intend

intense
intent
interact
interest
interfere
intermediate
internal
international
interpret
interrupt
interval
intervene **
intimate
into *
intrigue **
introduce *
invade
invent
invest
investigate
invite *
involve
iron
irony
irritate
island
isolate
it *
item

J

jail
jar
jaw
jeans *
jet

job *
jog
join *
joint
joke
journal
journey
joy *
judge
judicial **
junior
jury
just *
justice
justify

K

keen **
keep *
key *
kick *
kid *
kill *
kind *
king *
kit
kitchen *
knee
knife *
knight
knock
knot **
know *

L

label
labor / labour
laboratory / lab
lack
ladder
lady *
lake *
lamb
lamp
land *
landscape
lane
language
lap
large *
last *
late *
latter
laugh
launch
laundry
law
lawn
lawyer
lay
layer
lazy *
lead
leaf *
leak
lean
leap
learn *
lease **
leather

leave
lecture
left *
leg *
legal
legend
legislate **
legitimate **
leisure
lend
lesson *
let
letter *
level
liberal
liberty
library *
license/licence
lid
lie *
lift
light *
like *
likely
likewise
limit
line *
linguistic
link
lion *
lip *
liquid
list
listen *
literal **
literature
little *

live *
livingroom *
load
loan
local
locate
lock
log
logic
lone **
long *
look *
loose
lose
loss
lot
loud
lounge
love *
low *
loyal
luck *
lump **
lunch *
luxury

M

machine
mad *
magazine
magnet
magnificent **
mail *
main
maintain
major

majority
make *
male
man *
manage
manifest **
manipulate **
manner
manufacture
many *
map *
margin
marine
mark
marry *
marvel
mass
master
match
mate
material
mathematics / maths / math *
matter
mature
maximum
may *
maybe
mayor
meal
mean
meantime
meanwhile **
measure
meat *
mechanic
mechanism
mediate

medical
medicine
medieval **
medium
meet *
melt
memory *
mental
mention
merchant
mere **
merge **
merit
mess
metal
method
metropolitan **
microphone
microwave
middle *
might *
migrate **
mild
military
milk *
mill
million
mind *
miner
mineral
minimal
minimum
ministry
minor
minute
miracle
mirror *

miss *
missile
mission
mistake
mix
mobile
mock **
mode
moderate **
modern
modest **
modify **
moisture
molecule **
moment
money *
monitor
monkey *
monster
month *
monument **
mood
moon *
moral
moreover
morning *
mortal **
mother *
motion
motive
mount
mountain *
mouse *
mouth *
move *
movie *
much *

mud
multiple
multiply
murder
muscle
museum *
mushroom
music *
must *
mutual **
myth

N

nail
naive **
naked
name *
nanny **
narrate
narrow
nasty **
nation *
native
nature *
navy
near *
neat
necessary
neck *
need *
needle
negative
neglect
negotiate
neighbor / neighbour
neither

nephew
nervous
nest
net
network
neutral
never *
nevertheless
new *
newspaper *
next *
nice *
night *
nightmare
no / nope / nay *
noble
nobody
nod
noise
nominate **
none
nonetheless **
nonsense
noon *
nor
norm **
normal
north *
nose *
not *
note *
nothing *
notice
notion **
novel
now *
nowadays

nowhere
nuclear
number *
numerous **
nun **
nurse *
nut

O

oak
obey
object
objective
oblige **
observe
obsess **
obtain
obvious
occasion
occupation
occupy
occur
ocean *
odd
of *
off *
offend
offer
office *
officer
official
often *
oil *
old *
olive
on *

once
one *
only *
open *
operate
opinion
opportunity
oppose
optimist
option
or *
oral
orbit **
orchestra
order
ordinary
organ
organic
organize / organise
orient
origin
other
otherwise
ought
ounce **
out *
outcome
outline
output
outrage **
outstanding
over *
overall
overcome
overhead
overlap
overlook

overnight
oversea / overseas
overwhelm **
owe
own

P

pace
pack
packet
pad
pain
paint *
pair
palace *
pale
palm
pan
panel **
panic
pants *
paper *
paragraph
parallel **
pardon
parent *
park *
parliament **
part *
participate
particle **
particular
pass *
passage
passenger
passion

passport	phenomenon	poet
past	philosophy	point *
pat **	photograph	poison
patch **	phrase	polar
patent **	physical	pole
path	physics	police *
patient	pick *	policy
patrol **	picnic *	polish **
pattern	picture *	polite
pause	piece	politics
pave **	pig *	poll
pay *	pile	pollute
peace *	pill	pond
peak	pin	pool
pear *	pinch **	poor *
peasant **	pine	pop
peel	pink *	pope **
peer	pioneer	popular
penalty	pitch **	population
pencil *	pity	pork
people *	place *	port
pepper	plain	portion **
per	plan *	portrait
perceive	planet	pose
perfect	plant	position
perform	plate	positive
perhaps	platform	possess
period	play *	possible
permanent	pleasant	post
permit	please *	poster
persist **	pleasure	pot
person	plenty	potato *
personality	plot	potential
perspective **	plus	pour
persuade	P.M. / p.m. *	powder
pet	pocket *	power *
phase **	poem	practical

practice / practise
praise
pray
preach **
precede **
precious
precise
predator **
predict
prefer
pregnant
prejudice **
premier **
premium **
prepare
prescribe
presence
present *
preserve
president
press
presume **
pretend
pretty *
prevail **
prevent
previous
prey
price
pride
priest
primary
prime
primitive
prince *
principal
principle

print *
prior **
prison
privacy
private
privilege **
prize *
probably
problem *
procedure **
proceed
process
produce
profession
professor
profile **
profit
profound **
progress
prohibit **
prominent **
promise
promote
prompt **
pronounce
proof
proper
property
proportion **
propose
prospect
prosper **
protect
protein
protest
proud
prove

provide
province
provoke **
psychology
pub
public
publish
pull
pump
punch
punish
pupil
puppy *
purchase
pure
purple
purpose
pursue
push *
put *
puzzle *

Q

qualify
quality
quantity
quarter
queen *
question *
questionnaire **
quick *
quiet *
quit
quite
quote **

R

rabbit *
race *
racial
rage **
rail
rain *
rainbow *
raise
rally **
random
range
rank
rapid
rare
rat
rate
rather
rational **
raw
reach
react
read *
ready *
real
realize / realise
rear **
reason
rebel **
recall
receipt
receive
recent
reception
recipe
recognize

recommend
record
recover
recruit **
recycle
red *
reduce
refer
refine **
reflect
reform
refrigerator / fridge
refuse
regard
region
register
regret
regular
regulate **
reinforce **
reject
relate
relative
relax
release
relevant **
relieve
religion
reluctant **
rely
remain
remark
remedy
remember *
remind
remote
remove

rent
repair
repeat
replace
reply
report
represent
republic
reputation **
request
require
rescue
research
resemble
reserve
reside **
resign **
resist
resolve
resort
resource
respect
respective **
respond
responsible
rest
restaurant *
restore
restrain **
restrict **
restroom *
result
resume **
retail **
retain **
retire
retreat **

return *
reveal
revenge **
reverse **
review
revise
revive
revolution
reward
rhythm
rice
rich *
rid **
ride
ridiculous **
right *
ring *
riot **
rise
risk
rival
river *
road *
roar **
roast
rob
rock *
rod **
role
roll
romantic
roof *
room *
root
rope
rot **
rough

round
route
routine
row
royal
rub
rubber
rude
ruin
rule
rumor / rumour
run *
rural
rush

S

sack **
sacred
sacrifice
sad *
safe *
sail
salary
sale *
salon **
salt *
same *
sand *
satellite
satisfy
save *
say *
scale
scan
scandal
scarce **

scare
scatter **
scene
scheme
scholar
school *
science *
scissors *
scold
scope **
score *
scramble
scratch
scream
screen
screw **
scrub **
sculpture / sculpt **
sea *
seal
search
season *
seat
secret
secretary
sector
secure
see *
seed
seek
seem
seize **
select
self
sell *
send *
senior

sensation	shoe *	skill
sense	shoot	skin *
sensible	shop *	skip
sentence	shore	skirt *
sentiment **	short *	sky *
separate	should *	slaughter **
sequence **	shoulder	slave
series	shout	sleep *
serious	show *	slice
serve	shower	slide
session	shrink **	slight **
settle	shut	slim
several	shy *	slip
severe	sick *	slope **
sew	side *	slow *
sex	sigh	small *
shade	sight	smart *
shadow	sign	smash
shake	significant	smell *
shall	silent	smile *
shallow	silk	smoke
shame	silly	smooth
shape	silver	snake
share	similar	snap
sharp	simple	sneak **
shave	simulate **	sniff **
she *	simultaneous **	snow *
sheep	sin	so *
sheet	since	soak
shelf	sing *	soap
shell	single	soccer *
shelter **	sink	social
shield **	sister *	society
shift	sit *	sociology
shine	site	sock *
ship *	situation	soft *
shock *	size *	software

soil
soldier
sole **
solid
solo
solve
some *
somewhat
son *
song *
soon
sophisticated **
sore
sorry *
sort
soul
sound *
sour *
source
south *
space *
span **
spare
spark
speak *
special
species
specific
spectacle **
spectrum **
speech
speed *
spell
spend
sphere **
spill **
spin

spirit
spit **
spite **
splash **
split **
spoil
spoon *
spot
spouse **
spread
square
squeeze
stable
stack **
stage
stain
stairs
stamp
stand *
standard
stare
start *
starve **
state
station
statistic **
statue
status
stay *
steady
steal
steam
steel
steep **
stem
step
stick

stiff **
still
stimulate **
stir **
stitch **
stock
stomach
stone *
stop *
store *
storm
story *
stove
straight
strain **
strange
strategy
straw
strawberry *
stream
street *
stress *
stretch
strict
strike
string
strip **
stripe
stroke **
strong *
structure
struggle
student *
study *
stuff
subject
subjective **

부록 181

submarine
submit **
subscribe **
substance **
substantial **
substitute **
subtle **
suburb
subway *
succeed
such
suck **
sudden
suffer
sufficient
sugar *
suggest
suicide
suit
suite **
sum
summary
summit
sun *
super
superb
superior
supervise **
supper *
supplement **
supply
support
suppose
sure
surface
surgery
surprise

surrender **
surround
survey
survive
suspect
suspend **
sustain **
swallow
swear **
sweat
sweep **
sweet
swell **
swift **
swim *
swing
switch
symbol
sympathy
symphony
symptom
system

T

table *
tackle
tag
tail *
take *
tale
talent
talk *
tall *
tap
tape *
target

task
taste *
tattoo
tax
tea
teach *
tear
tease **
teen *
teenage
telegraph **
telephone *
tell *
temperature
temple
temporary **
tempt **
tenant **
tend
tender
tense
term
terminal
terminate **
terrace **
terrible
terrific
territory
test *
testify **
text
textbook *
than *
thank *
that *
the *
theater / theatre

theme	tire / tyre	transform
then	tissue	transition **
theory	title	translate
therapy **	to *	transmit **
there *	tobacco	transport
therefore	today *	trap
they *	toe	travel *
thick	together *	tray
thief	toilet	treasure
thin	tomorrow *	treat
thing *	tone	treaty **
think *	tongue	tree *
thirst *	tonight *	tremendous **
this *	too *	trend
thorough	tool	trial
though	tooth *	triangle *
thousand	top *	tribe
thread **	torture **	trick
threat	toss	trigger **
thrill	total	trim **
throat	touch *	trip *
through	tough	triumph
throw	tour *	troop
thumb	toward / towards	trophy
thus	tower *	trouble
tick **	town *	trouser
tide	toxic	true *
tidy	toy *	trunk
tie	trace	trust
tiger *	trade	truth
tight	tradition	try *
till	traffic	tube
timber **	tragic	tune
time *	trail **	tunnel
tin	train *	turn *
tiny	transact **	turnover **
tip	transfer	tutor

twice *
twin
twist
type *
typical

U

ugly *
ultimate
umbrella *
uncle *
under *
undergo **
underlie **
undermine **
understand *
undertake **
uniform
unify
union
unique
unit
unite
universe
university
unless
until
up *
update
upon
upper
upset
upward / upwards
urban
urge
urgent

use *
usual
utilize / utilise **
utter **

V

vacation
vacuum
vague **
valid **
valley
value
van
vanish **
various
vary
vast
vegetable *
vehicle
venture
verbal **
verse **
version
versus
vertical **
very *
vessel **
veteran **
veterinarian **
via
vice **
victim
victory
view
vigorous **
village

violent
virgin **
virtual **
virtue **
visible
visit *
visual
vital **
vivid **
vocabulary
vocation **
voice *
volume
voluntary
vote
voyage

W

wage
wagon **
wait *
wake *
walk *
wall *
wander **
want *
war *
warehouse **
warm *
warn
warrant **
warrior **
wash *
waste
watch *
water *

watermelon *
wave
way *
we *
weak
wealth
weapon
wear *
weather *
weave **
wedding *
weed **
week *
weekend *
weigh
weight *
weird
welcome *
welfare
well *
west *
wet *
whale
what *
wheat
wheel
when *
where *
whereas **
whether
which
while
whip **
whisper
whistle
white *
who *

whole
why *
wicked **
wide
widespread
widow **
wife *
wild
will *
win *
wind *
window *
wing
wipe
wire
wise
wish *
wit
with *
withdraw **
within
without
witness
woman *
wonder
wood *
wool
word *
work *
world *
worry *
worship
worth
would
wound
wrap
wreck **

write *
wrong *

year *
yell
yellow *
yes / yeah / yep *
yesterday *
yet
yield **
you *
young *

Z

zebra *
zone
zoo *

[별표 4] 의사소통에 필요한 언어 형식

※ ● 표시는 학습 시작 학교급을 의미

예문	학교급		
	초	중	고
1. **Kate** is from **London**.	●		
A **boy**/The **boy**/The (two) **boys** ran in the park.	●		
Water is very important for life.	●		
The **water** in this river is clean.		●	
She lived in the **woods** when she was a kid.		●	
A lot of houses are made of **wood**.		●	
Thank you for your **kindness**.		●	
He does a **kindness** to poor people.		●	
The **audience** is/are enjoying the show.			●
The **news is** very interesting.			●
Mathematics is my favorite subject.		●	
2. **The** store is closed.	●		
This book is very interesting.	●		
That dog is smart.	●		
These/Those books are really large.	●		
You can choose **any** color you like.		●	
We didn't buy **much/any** food.	●		
I need a little **more** time to think.		●	
Most good comedians tell some bad jokes.		●	
Many young people have **no** money.	●		
Every monkey likes bananas.	●		
All children love baby animals.	●		
Each boy admires his teacher.		●	
A few/few students came late for class.		●	
3. **A lion** is brave.		●	
The lion is brave.		●	
Lions are brave.		●	
A German is a good musician.		●	
Germans are good musicians.		●	
The Germans are diligent.			●
4. Which do you like better, **this** or **that**?	●		
These are apples, and **those** are tomatoes.	●		

예문	학교급		
	초	중	고
I like **your** glasses. What about **mine**?	•		
We are very glad to hear from him.	•		
He will help **her**.	•		
They're really delicious.	•		
She is a teacher, and **he**'s a scientist.	•		
John likes math, but Susan doesn't like **it**.	•		
You should be proud of **yourself**.		•	
He praised **himself** in the meeting.		•	
I myself took this picture.			•
They're talking to **each other**.		•	
5. I don't like the black **coat**, but I like the brown **one**.		•	
These **cups** are dirty. Could I have some clean **ones**?		•	
I have **three books**. **One** is mine. **The others** are yours.		•	
The chocolate cookie is sweet. I'm going to have **another one**.		•	
The climate of Seoul is milder than **that** of New York.		•	
The ears of rabbits are longer than **those** of squirrels.		•	
I'd like to **write a diary**, but I'm too busy to **do so**.			•
6. **It**'s cold outside.	•		
It's Wednesday.	•		
It's half past four.	•		
It's windy today.	•		
It's far from here.	•		
7. He **walks** to school every day.	•		
We **(usually) meet** after lunch.	•		
We **played** soccer yesterday.	•		
She **is going to visit** her grandparents next week.	•		
I **will visit** America next year.	•		
8. He **is sleeping** now.	•		
I **was studying** when John called me.		•	
She **will be coming** soon.			•
I'm thinking about the problem.		•	
He**'s being** very rude.			•
We **are hoping** you will be with us.			•
9. The train **has arrived**.		•	
Have you ever **been** to Florida?		•	

예문	초	중	고
He **has attended** the club meetings regularly.		•	
The bakery **has been** open since 1960.		•	
I**'ve been** reading for two hours.		•	
He **had** already **left** when we arrived.		•	
I **will have finished** my homework by the time you get here.			•
10. The baby **cried**.	•		
She **stayed in bed**.	•		
He **is a math teacher**.	•		
You **look happy** today.	•		
I **like** *gimbap*.	•		
You can **put the dish on the table**.		•	
He **gave me a present**.		•	
They **elected him president**.		•	
11. Is the room warm **enough**?		•	
These bags are **too** expensive.		•	
We **cannot** thank you **enough**.			•
You **cannot** be **too** careful to drive a car.			•
12. She is **as tall as** her mother (is).		•	
She is old, but she is **not as old as** he (is).		•	
I don't know **as many** people **as** you (do).			•
You can run **as fast as** Billy can.		•	
I arrived at **the same** time **as** Tom (did).			•
13. Mary is **taller than** I/me.	•		
Yellow tomatoes are **less sour than** red ones.			•
They've got **more/less** money **than** they need.		•	
A car is **much more** expensive **than** a motorbike.		•	
I **prefer** tea **to** coffee.		•	
The more she thought about it, **the less** she liked it.		•	
14. Cindy is **the shortest** of the three.		•	
It was **the worst** moment in/of my life.		•	
Where is **the world's highest** mountain?		•	
It is **the most interesting** speech I've ever heard.		•	
She is one of **the smartest** students in my class.			•
15. I **made** him **carry** the box.		•	
They **had** me **repeat** the same things.		•	

예문	학교급		
	초	중	고
You shouldn't **let** him **go** there again.		•	
Bill **had** the car **cleaned**.		•	
My mom **got** me **to clean** the room.		•	
I heard the children **sing/singing**.		•	
I saw him **lying** on the sofa.		•	
16. **To see** is **to believe**.		•	
He wanted **to go home**.		•	
I hope **to see you again soon**.		•	
I have a book **to read**.		•	
He came **to see me**.		•	
He told me **not to do it again**.		•	
The problem is **where to get money (from)**.		•	
He seemed **to have been ill (for some time)**.			•
This new ship is big enough **(to cross the Pacific)**.		•	
This story sounds too good **(to be true)**.		•	
The turtle moves slowly enough **for us to catch it**.		•	
Robin ran too fast **for me to catch him**.		•	
Dan wanted Betty **to behave herself**.		•	
I asked her **to help me**.		•	
I helped my mom **(to) wash the dishes**.		•	
Bill promised Jane **to work out with her**.			•
Bill persuaded Jane **to work out with him**.			•
17. Mike is **slow to react**.		•	
Chris was **glad to hear the news**.		•	
Ray is **hesitant to agree with you**.		•	
Ron is **easy to please**.		•	
18. **Playing baseball** is fun.	•		
We enjoy **swimming in the pool**.		•	
I'm interested in **watching horror movies**.		•	
I remembered **John/John's coming late for class**.			•
Did you **go fishing** last weekend?	•		
I don't **feel like sleeping** now.		•	
I **cannot help doing** things like that.		•	
It's no use trying to persuade me.			•
There is no use crying over the spilt milk.			•

예문	학교급		
	초	중	고
It **goes without saying that** time is money.			•
Life **is worth living**.		•	
19. John and Mary **are** good friends.	•		
Does Anne work out on weekends?	•		
Open your book.	•		
Let's go to Brian's birthday party.	•		
How beautiful she is!		•	
What a wonderful day it is!		•	
How sweet!		•	
What a player!		•	
20. I **am not** tired.	•		
It **isn't** very cold.	•		
I **don't** like snakes.	•		
You **can't** swim here.	•		
We **didn't** enjoy the movie very much.	•		
They **haven't** told him what to do.		•	
Tom **won't** be at the meeting tomorrow.	•		
Few/No people understand what he's saying.		•	
The children **seldom/rarely/hardly/scarcely** like carrots.		•	
21. **Are you** ready?	•		
Is it raining?	•		
Do you like oranges?	•		
Don't you like apples?	•		
Can you write a letter in English?	•		
Won't you have some cookies?		•	
Have you finished your homework yet?		•	
This is your book, **isn't it**?		•	
You **like** oranges, **don't you**?		•	
Bob **isn't** here, **is he**?		•	
They **haven't** left, **have they**?		•	
Bring me some water, **will you**?		•	
Let's go, **shall we**?		•	
There are children playing in the park, **aren't there**?		•	
When will you come?	•		
Where can we take the bus?	•		

예문	학교급		
	초	중	고
Why did he leave early?	•		
How do you spell your name?	•		
Who can answer that question?	•		
Whose dolls are these?	•		
Which ice cream do you like, vanilla or chocolate?	•		
What size is this shirt?	•		
What kind of job do you want?		•	
Which color do you prefer?		•	
What time is it?	•		
How old is she?	•		
How big is the house?	•		
How heavy is your computer?	•		
How much is it?	•		
How far did you drive today?		•	
How come you were late this morning?		•	
How good a dancer is she?		•	
Who cares?			•
It cost **how much**?			•
22. She said, **"I will help you."**		•	
She said **that she would help me**.		•	
He said to me, **"I have been busy lately."**		•	
He told me **that he had been busy lately**.		•	
He said to me, **"I will come tomorrow."**			•
He told me **that he would come the next day**.			•
He said to me, **"Please come at once."**			•
He asked me **to come at once**.			•
He said, **"Do you need a pen?"**			•
He asked **if/whether I needed a pen**.			•
Emma asked **"Where do you live?"**		•	
Emma asked **where I lived**.		•	
23. I don't know **where he lives**.		•	
Please tell me **what happened**.		•	
I wonder **whose bicycle that is**.		•	
I don't know **whether he will come (or not)**.		•	
Tell me **how to make cookies**.		•	

예문	학교급		
	초	중	고
I think **(that)** he **is** a good actor.		•	
24. **If** oil **is** mixed with water, it **floats**.		•	
I'll lend Jack the book **if** he **needs** it.		•	
If you **feel** seasick, **take** one of these pills.		•	
We're **going to** play baseball tomorrow **unless** it **rains**.			•
Take these pills **in case** you **feel** ill on the bus.			•
I'll lend you the book **on condition that** you **return** it within two weeks.			•
Provided that/As long as they **had** plenty to eat, the crew **seemed** to be happy.			•
25. **If** Joe **had** time, he **would** go to Spain.		•	
If I **were/was** a bird, I **could** fly home.		•	
If Joe **should** have time, he **would** go to Spain.			•
Had I had enough money, I **would have bought** a cell phone.			•
If it were not for you, I **would** be lonely.			•
Without/But for your advice, I **would have** failed.			•
It's **time** you **were** in bed.		•	
I **wish** I **spoke** English well.		•	
I **wish** I **had learned** swimming last summer.			•
He acts **as if** he **knew** you.			•
He acts **as if** he **had been** there.			•
I'd **rather** we **had** dinner now.			•
26. **Can** we sit down in here?	•		
May I borrow your book?	•		
You **may** leave now.	•		
Could we ask you what your opinion is?		•	
You **should** do as he says.		•	
You **had better** not say anything about this.		•	
They **must** do well on the test.		•	
Will you do me a favor?		•	
Shall we go now?		•	
You **don't have to** go to school tomorrow.		•	
You **needn't** worry about the test.		•	
You **don't need** to pay that fine.		•	
Children **may not** use the swimming pool.		•	

예문	학교급		
	초	중	고
You **shouldn't** be so impatient.		•	
He suggested that they **(should)** play baseball.			•
He **may** be sick.		•	
He **can't** be working at this time.			•
There **might** be some complaints.			•
The whole plan **could** be ruined.			•
Our guests **should/ought to** be home by now.			•
I **should have studied** English grammar harder.			•
There **shouldn't** be any difficulties.			•
You **have to**/You**'ve got to** be joking.			•
They**'ll** fight to the end rather than give up.			•
That **must** be my daughter.		•	
She **may have made** an important discovery.			•
They **must have arrived** by now.			•
She **can** play the violin.	•		
Could you show me the way to the nearest post office?		•	
I **will** be able to help you get to the party tonight.		•	
Will you please help me with my English?		•	
My father **won't** give me any money.		•	
Would you like me to open the window?		•	
Are you **going to** take the last train?		•	
Oil **will** float on water.			•
He **would** take a walk every morning.		•	
There **used to** be a lake around here.		•	
27. Andy plays the guitar, **and** his sister plays the piano.	•		
They are my neighbors, **but** I don't know them well.	•		
I may stop by tomorrow **or** just phone you.		•	
Both the teacher **and** the students enjoyed the class.		•	
You can have **either** tea **or** coffee.		•	
It is **not only** beautiful **but (also)** useful.		•	
The film was **neither** well-made **nor** well-acted.		•	
He came **not** to complain, **but** to help us.			•
28. **When** we arrived, she was talking on the phone.		•	
Since he left this morning, I haven't seen him.		•	
He went to bed **because** he was sleepy.	•		

예문	학교급		
	초	중	고
We stayed home, **since** it rained hard.		•	
Although/Though it was cold, I went swimming.		•	
I hurried **so that** I wouldn't be late.		•	
We moved to London **so (that)** we could visit our friends more often.		•	
The weather was **so** nice **that** we went hiking.		•	
29. The cell phone is thin and light. **Therefore**, it is very convenient to carry around.		•	
We believe he is the thief. **However**, we have no evidence against him.		•	
I like spending my holidays in the mountains. **On the other hand**, my sister prefers the seaside.		•	
30. The girl **who is playing the piano** is called Ann.		•	
The pen **which is on the desk** is mine.		•	
This is the book **(that) I bought yesterday**.		•	
I met the girl **whose father is a musician**.		•	
She is the girl **who/whom I told you about**.		•	
The town **in which I was born** is very small.			•
The house **where she lives** is very spacious.			•
This is **why** we have to study English grammar.			•
Mr. Lee, **who teaches English**, has two children.		•	
My kids work very hard, **which makes me happy**.			•
Nobody understood **what she said about that plan**.		•	
That's just **how he talks**, always serious about his work.		•	
Whoever wins this game will win the World Cup.			•
31. Something **strange** happened last night.		•	
At the station I met a lady **carrying a large umbrella**.		•	
Wallets **found on the street** must be reported to the police.			•
32. **Walking along the street**, I met an old friend.		•	
Joshua returning home, the puppy ran toward him.			•
(Being) tired, he went to bed.		•	
Having seen that movie before, I wanted to see it again.			•
Too shy to reply, she kept staring at the floor.			•
With the night coming, stars began to shine in the sky.			•
33. **Personally**, I don't like his paintings.		•	

예문	학교급		
	초	중	고
Frankly speaking, I failed the test.			•
Unfortunately, they couldn't make it.		•	
To be sure, we have heard many such stories before.			•
To our regret, she rejected the offer.			•
34. My brother was wearing a raincoat and **(he)** didn't get wet.		•	
One student has written a poem, and the other **(has written)** a short story.			•
Kevin understands the problem better than Amy **(does)**.		•	
Though **(he had been)** defeated, he remained popular.			•
You can borrow my pen, if you want/like **(to)**.			•
35. **Down** came the rain.			•
Here he comes.		•	
Here comes the bus.		•	
Not a word **did he** say.			•
She was hungry and **so was I**.		•	
I enjoyed the play and **so did my friends**.		•	
Ryan didn't see the accident and **neither did Rachel**.			•
36. There **are** two books on the desk.	•		
There **are** some rooms available.		•	
There **were** several men running in the park.		•	
There **have been** three people rescued.		•	
37. Won't you try again? - Yes, I **will** try again.			•
You must speak to the teacher. - I **have** spoken to him.			•
I **do** hope you will succeed.		•	
It was Justin **who/that** told me the truth.		•	
It was by train **that** we traveled to London.		•	
What we need is more time.			•
38. It is important **to protect our environment**.		•	
It is difficult **for me to speak French**.		•	
It was kind **of you to help us**.		•	
It is strange **that you don't know such a thing**.		•	
She found **it** exciting **to learn new things**.		•	
39. **Ms. Pova, a famous tennis player,** will be visiting us at the gym tomorrow.		•	
Your dream of becoming an astronaut requires a great amount of time			•

예문	학교급		
	초	중	고
and energy.			
The fact that Melissa was late didn't surprise me.			•
40. The novel **was written by** Mark Twain.		•	
The building **was built** in 1880.		•	
A prize **was given** to Jasmin.		•	
Stella **was given** a prize.		•	
Cooper **will be invited** to today's meeting.		•	
The information superhighway **will have been introduced** to everyone by 2015.			•
The monkey **has been raised** by human parents for years.			•
I **was made** to clean the room.			•
Nolan **was seen** to enter the building.			•
Let it **be done** at once.			•

[부록] 학교 급별 내용 체계

영역	핵심 개념	일반화된 지식	내용 요소[1] 초등 3~4학년	내용 요소[1] 초등 5~6학년	기능
듣기	소리	소리, 강세, 리듬, 억양을 식별한다.	• 알파벳, 낱말의 소리 • 강세, 리듬, 억양	• 알파벳, 낱말의 소리 • 강세, 리듬, 억양	식별하기
듣기	어휘 및 문장	낱말, 어구, 문장을 이해한다.	• 낱말, 어구, 문장	• 낱말, 어구, 문장	파악하기
듣기	세부 정보	말이나 대화의 세부 정보를 이해한다.	• 주변의 사람, 사물	• 주변의 사람, 사물 • 일상생활 관련 주제 • 그림, 도표	파악하기
듣기	중심 내용	말이나 대화의 중심 내용을 이해한다.		• 줄거리 • 목적	파악하기 추론하기
듣기	맥락	말이나 대화의 흐름을 이해한다.		• 일의 순서	파악하기 추론하기
말하기	소리	소리를 따라 말한다.	• 알파벳, 낱말 • 강세, 리듬, 억양	• 알파벳, 낱말 • 강세, 리듬, 억양	모방하기
말하기	어휘 및 문장	낱말이나 문장을 말한다.	• 낱말, 어구, 문장	• 낱말, 어구, 문장	모방하기 표현하기 적용하기
말하기	담화	의미를 전달한다.	• 자기소개 • 지시, 설명	• 자기소개 • 지시, 설명 • 주변 사람, 사물 • 주변 위치, 장소	설명하기 표현하기
말하기	담화	의미를 교환한다.	• 인사 • 일상생활 관련 주제	• 인사 • 일상생활 관련 주제 • 그림, 도표 • 경험, 계획	설명하기 표현하기
읽기	철자	소리와 철자 관계를 이해한다.	• 알파벳 대소문자 • 낱말의 소리, 철자	• 알파벳 대소문자 • 낱말의 소리, 철자 • 강세, 리듬, 억양	식별하기 적용하기
읽기	어휘 및 문장	낱말이나 문장을 이해한다.	• 낱말, 어구, 문장	• 낱말, 어구, 문장	파악하기
읽기	세부 정보	글의 세부 정보를 이해한다.		• 그림, 도표 • 일상생활 관련 주제	파악하기

영역	핵심 개념	일반화된 지식	내용 요소[1]		기능
			초등 3~4학년	초등 5~6학년	
	중심 내용	글의 중심 내용을 이해한다.		• 줄거리, 목적	파악하기 추론하기
	맥락	글의 논리적 관계를 이해한다.			파악하기 추론하기
	함축적 의미	글의 행간의 의미를 이해한다.			추론하기
쓰기	철자	알파벳을 쓴다.	• 알파벳 대소문자	• 알파벳 대소문자	구별하기 적용하기
	어휘 및 어구	낱말이나 어구를 쓴다.	• 구두로 익힌 낱말, 어구 • 실물, 그림	• 구두로 익힌 낱말, 어구 • 실물, 그림	모방하기 적용하기
	문장	문장을 쓴다.		• 문장부호 • 구두로 익힌 문장	표현하기 적용하기
	작문	상황과 목적에 맞는 글을 쓴다.		• 초대, 감사, 축하 글	표현하기 설명하기

※ 초등학교의 빈칸은 '해당 사항 없음'을 의미하고, 중·고등학교의 빈칸은 이전 학교급의 내용 요소와 연계하여 학습하되 별도의 성취기준이 없음을 의미한다.

---

[1] • 학교급별 내용 요소는 이전 학교급별 단계의 내용 요소에 현 학교급에 해당하는 새로운 요소를 더하여 나선형으로 증가한다.
• 동일한 내용 요소를 다룰 경우(예 : 읽기 영역에서 중학교와 고등학교 내용 요소가 동일한 경우)에는 어휘, 소재, 언어 형식 등의 난이도가 높아지는 심화 학습의 형태를 갖는다.

교실영어 지도법

1판 1쇄 발행 2019년 1월 30일

지은이 | 김영철
펴낸이 | 김진수
펴낸곳 | 한국문화사
등 록 | 1991년 11월 9일 제2-1276호
주 소 | 서울특별시 성동구 광나루로 130 서울숲 IT캐슬 1310호
전 화 | 02-464-7708
팩 스 | 02-499-0846
이메일 | hkm7708@hanmail.net
웹사이트 | www.hankookmunhwasa.co.kr

ISBN 978-89-6817-728-6 93740

· 이 책의 내용은 저작권법에 따라 보호받고 있습니다.
· 잘못된 책은 구매처에서 바꾸어 드립니다.
· 책값은 뒤표지에 있습니다.